特集

リアルの価値を再認識
「体験」をデザインする

さまざまなシーンでリアルの交流が戻ってきました。

コロナ禍を経て、リアルな体験の場の価値が再認識されています。

その一方で、オンライン・オフライン・ハイブリッドの

選択肢が提供されるようになったことで、リアル体験への

要求水準はむしろ上がったといえるかもしれません。

「タイパ」が問われる中で、行きたくなる仕掛けをどうつくるか。

来場者が満足し、シェアされるために押さえるべきことは。

特集では、クリエイターやプロデューサーが考える

リアル体験空間づくりのポイント、そして

ブランド体験の場づくりに取り組む企業の事例を紹介します。

Opinion

クリエイターに聞く

事前情報は
全部見えてもいい
タイパ重視の消費者の
「行きたい」気持ちを喚起

文／明円卓
（kakeru クリエイティブディレクター）

企画の軸になるのは
シェアされるイメージ

　私は2020年に電通から独立し、今も変わらず広告代理店業をしています。1週間のうち、5日はコピーライターやCMプランナーとして広告クリエイティブをつくっていて、残りの2日は自社事業としてお店の経営の仕事や自分の企画展などの創作活動を行っています。「やだなー展」とか、「友達がやってるカフェ」とかがそれにあたります。

　企画展やお店などの体験空間をつくるとき、まず何から始めていくか。私の場合は、アートディレクターとか空間のプロフェッショナルではないので、まずは「シェアされるイメージ」から考えるようにしています。シェアされるイメージというのは、タイトルであったり、映像であったりです。言葉つまりタイトルは企画の軸になるもの。タイトルでは、「一言で人に伝えたくなるようなものか」「思わず口に出したくなるか」といったことを大切にしています。タイトルが面白そうであれば、行ってみたくなりますよね。

　例えば、「友達がやってるカフェ」は、社員旅行で京都を訪れた際、「この近くに友達がやってるカフェあるので行きませんか？」という社員の一言を聞いて、私もそれ言いたいなと思ったのが企画のきっかけです。このような感じで、つい口に出して、友達や誰かを誘いたくなるようなタイトルをつけるよう心がけています。私はコピーライターでもあるので、やはり"言葉"はとても大切にしています。

　次に、タイトルが決まって企画の指針となるものができたら、あらゆる手段を使って設計図をつくっていきます。"大きなクリエイティブディレクション"というものですね。

　例えば、バンダイナムコアミューズメントさんと「JANAI COFFEE」（東京・恵比寿）がコラボしたノンアルバー「JANAI GAMES」（2023年夏大阪にオープン）の場合は、"物語"から組み立てていきました。昔ここにはこういう人がいて、過去にこういうお店をつくった、という感じで。この物語（＝設計図）をもとに、「じゃあこういう人物がつくったお酒ってどん

なものだろう？」「この人がつくった空間ってどんな空間だろう？」と、企画を膨らませていくのです。

　ほかにも、「シェアされる動画」というところを、設計図の起点として考えることもあります。こういうふうにやったら動画が広まるんじゃないか、こういうふうに動画が出ていったら、商品の魅力が伝えられるのではないかというような「映像のアウトプット」から、逆算して空間を設計する形です。その動画がどういうアウトプットになるのかという最終の出口のところからスタートしたわけです。「クリエイティブのアウトプットから考えていく」イメージです。

　また、自分がプライベートで足を運びたくなるか？ということも重要なポイントです。ちょっとやそっとでは、人はそこに行こうとは思いません。お客さまの目線に立って、行きたいと思うものこそが良い空間ではないでしょうか。

人々の目は
コロナ以前より鋭くなっている

　さて、大まかな設計図が完成したら、次は開催までの準備です。コロナ前後で体験空間の企画や設計において変化したことは、私の感覚の中では特にありません。

　ただ、コロナを経て、人々が展示やイベントなど、出かける場所の数を吟味するようになったのは確かだと思います。"そういう習慣が身についた"と言ってもいいかもしれません。コロナ禍では、飲食店が早い時間に閉店したり、移動制限があったりして、あまり出歩くことができませんでした。限られた自分の時間の中で、どこで何を体験するか、選択肢を絞る必要がありました。タイムパフォーマンス、いわゆる「タイパ」みたいなこともあわせて、人の目がとても鋭くなっていったのではないかと感じています。

　そこで、事前情報でどれだけ楽しそうだと思ってもらえるかが集客のカギになってきます。そのためには、ある程度のネタバレを許容する形で設計していくことが必要であると思います。

　体験期間の開始前から、その場所やメ

リアル体験空間の極意

☑ **企画はシェアされるイメージから考える。**

☑ **どのように拡散されていくかを想像し逆算する。**

☑ **「自分だったらそこに行きたくなるか?」を徹底的に考える。**

ニュー、空間の内装などをできる限り分かりやすく知らせておく。「ここに行ったら、こういう体験ができるんだ」というのが、見る人にクリアに分かってもらえるようにします。映画とかドラマの予告のように、結末を教えないということではありません。

体験デザインの場合は、結末もすべて公開したほうが良いと思っています。「ここに行ったらこういう料理が食べられる」「ここではこういう写真が撮れる」「ここにはこういう人がいる、その人とこんな話ができる」といった、どんな体験ができるかということが、行く前から全部分かってしまったほうが人は集まりやすいです。

分からないことはスマホで調べたら、何でも出てくる時代。"どこかに行く際には、調べてから行く"という人が結構増えている印象があります。SNSはコミュニケーションツールでもある一方で、いま多くの人に情報収集ツールとして使われるようになっています。若者にとって"リサーチをする"ということは、以前よりもずっと当然のことになっているのだと思います。

図1 "物語"から設計図をつくった事例

JANAI COFFEE（上）とバンダイナムコアミューズメントがコラボし、2023年夏に「JANAI GAMES」（下）が大阪・梅田にオープンした。

例えば「絶景」なんかは、もう写真がアップされ尽くしていて、人々はそのアップされた写真を見て、絶景スポットに行く。"未知なものの体験"というより、もはや"確認しに行くという作業"です。行きたいお店やイベント、買いたいものなどは、皆ある程度リスト化されているのでしょう。

人々に注目されるのは
どのような空間か

このことから、いまモノや空間をつくる上では、「どういうふうに人が人を呼ぶのか」とか「それがどう写真や動画に撮られていくか」といった拡散の設計がとても大事になってくると思います。私はそれを徹底的に想像しながらつくっていますね。「撮りたくなること」や「人に伝えたくなるもの」を考えるのも、その想像から考えていく必要があると思います。

では、人々に注目され、話題になるのはどのような空間でしょうか。話題化するための要素は主に2つあります。

①新しくて人に伝えたくなるもの

当たり前のことですが、やはり「新しい」ということは一番大切なことだと思います。普通過ぎるかもしれませんが、皆新しいものが見たいし、新しくて話題になっているところに自分もいち早く行ってみたい。そして「こんなのがあるらしい！行ってみない？」と、人に伝えたくなりますよね。企画をする際に「それって、新しいですか？」というのを常に問いかけながら進めています。

②人の感情に触れるもの

もうひとつ話題化のために大切なことは、人の感情に触れ、共感できるものかどうかです。それは、ただ同意するだけではなくて、いいな、かっこいいな、面白いな、楽しいなというポジティブな感情はもちろんのこと、一緒に怒ってくれるというネガティブな感情など、誰かの感情に触れるものすべてひっくるめての「共感」です。これを私は「感情ポイント指数」と呼んでいます（「ポイント」と「指数」は同義なのですが、この言葉の音が好きであえて重ねています）。この指数が高ければ高いほど、人を集め必ず伸びていきます。

例えば「いい人すぎるよ展」は「分かる分かる！」という共感に加えて「いい人だなぁ」という"ほっこりする感情"に触れる設計になっています。

多くの人が日常的に触れているであろうSNSもアルゴリズム上、すべてハートやいいねというものが指標になっています。つまり、そこでも人の感情に触れたものが伸びていくという設計になっているのです。いいねをもらおうとすると漠然としますが、「これはどの感情に触れているのだろう？」と考えると、進めやすくなると思います。

拡散の設計をする際には、「いいねがたくさんつきそう！」ではなく、「人々のどの感情に触れて、いいねしてもらえるだろうか」ということをより具体化して考えてみてください。

図2 感情ポイント指数の高い体験空間

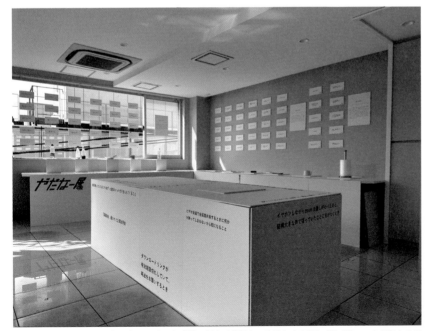

「やだなー展」は、人々の「やだなー」という感情に触れる設計に。会場にも実際に「やだなー」と思うものを展示することで、感情ポイント指数を高めた。

profile

 明円 卓氏
myoen suguru

2014年より電通でCMプランニングやコピーライティングを軸に統合コミュニケーションプランナーとして活動。2020年に電通を退職後 kakeru を創業。CHOCOLATEにも所属。自社事業として恵比寿のバー「JANAI COFFEE」や「友達がやってるカフェ」を創業し、代表も務める。

「リアルの体験空間」にまつわる Q&A

回答者
kakeru
明円 卓 氏

Q.1　話題になる「新しいもの」をつくるために日々心がけておくとよいことは？

A.「古典」と「流行」の掛け合わせ。

「古典」と「流行」の掛け合わせが大事だと思います。自分の場合は過去に流行った映像やイベントなどの「古典」はちゃんと学びつつ、TikTokやX（Twitter）などで日々話題になるモノやコトを掛け合わせて、考えられると良いのかなと思います。次々に面白いものが生まれるSNSは中毒ではないかというぐらい、とてもよく見ています。ただし「今、流行っているもの」だけをリファレンスに進めると、既視感が生まれたり、後追いで出ていくゆえの流行遅れなコンテンツになってしまいます。企画会議で「これが今が流行っているので、こういうことをやりましょう」というのは、一番楽なのですが、それは企画ではないといつも自分に言い聞かせています。そこに何か新しい要素が掛け合わされているか、古典で学んだことが生かされているかなどを検証できると良いと思います。

Q.2　企画から運営までのチーム内の士気を高め、同じ方向に向かって進むためには何が重要でしょうか？

A.全員で地図を共有し、企画の楽しさを信じる。

ひとつ目は「全員が楽しいものをつくっていると信じられる企画になっていること」です。元も子もない話ですが、良くない企画を実施することになると、その後ずーっと企画がリリースするまで不幸になります。とにかく出発点である企画が大事だと思います。良い企画があると、その先もずっとその企画がリリースするまでの間、幸福でいられる。いろんな人が関わりたいと集まってくる。広告物はいろんな人を巻き込んでつくることが多いので、まずはチーム全員がわくわくする企画であることが最重要だと思います。

2つ目は「地図」となるものをみんなで共有することです。アウトプットのイメージだけでなく、どうシェアされるのかというものを言語化したりビジュアライズしたりして、企画が広がっていく先の地図を共有できると良いのかなと思います。

Q.3　そもそもリアルの体験空間のメリットとは何でしょうか？

A.情報の発信基地となりバズを生み出すことができる。

リアルな空間やイベントというものは「体験深度」が最も深い活動のひとつです。その企業や商品のことをもっと詳しく理解してほしいときや実際に体験してほしいというときに選ばれる手法であるというのが、元々の価値だと考えます。加えて今は（「1億総カメラマン時代」と呼んでいますが）全員が高画質のカメラつまりスマホを持ち歩いていて、生活している状態。そしてそのほぼ全員が何かしらのSNSアカウントを持っている時代です。特にデジタルネイティブと呼ばれる世代は、どこかに訪れて、そこでの体験をレポーティングするというのはごく自然な流れでやっていることだと思います。場所（＝リアルイベントや体験空間）は情報の発信源であって、そこを発信基地として情報を伝播させていくことで、話題が生まれるはずです。いまは会場や店頭に実際に足を運んで体験をしてくれた人の人数だけでなく、その人たちの先にいる友人やフォロワーも見据えて設計する必要があると思います。

Opinion

クリエイターに聞く

アフターコロナも リアルイベントの価値は 変わらない

文／金田実里
（電通ライブ プロデューサー）

オン・オフ・ハイブリッド あらゆる体験が生活者に浸透

私は2012年に電通テック（現：電通ライブ）に中途入社し、音楽ライブや花火大会、ゲームイベントなど大型エンターテインメント系のコンテンツをプランニングから制作、実施、運営までトータルに手掛けてきました。

2021年には国内外のエンタメ業界のプロフェッショナルと新しいライブエンターテインメントを創造するプロジェクトチーム「spotlight」の発足に携わり、シルク・ドゥ・ソレイユなど世界的なショービジネスに携わってきた方々と一緒にディスカッションや企画・制作を進めています。

言うまでもなく、コロナ禍はエンタメ業界、とりわけライブ・イベント領域に大打撃を与えました。私が携わっているゲーム系のコンテンツはもともとオン・オフ統合のハイブリッド施策が進んでいるほうでしたが、それでもリアルだからこそ生まれていた熱気や迫力は失われてしまい、オンラインだけでそれを表現するのは至難の技。いろいろなアイデアやテクノロジーを駆使しながら試行錯誤を繰り返す毎日でした。

同時に、コロナ禍でエンタメ業界のDX化が急速に進んだ側面もあります。ライブやイベントのオンライン開催が世の中に浸透し、新しいテクノロジーを活用した実験的なパフォーマンスも次々と生まれました。ビジネス面でも、日本にいながら海外のカンファレンスに参加したり、直接会わなくてもビデオ会議でプロジェクトを進められたりと、むしろコロナ禍で"距離感が縮まった"と感じる瞬間を体験した人も多いのではないでしょうか。このように、コロナ禍を経て、生活者はオン・オフ・ハイブリッドのいずれの体験も十分に経験値として持っていると考えることができます。

"参加"から一歩進んだ"共謀" リアルだから提供できる価値

オン・オフ・ハイブリッドの体験が世の中に浸透した今だからこそ、「リアルにしかない

価値」が再認識され始めています。実際に、2022年中頃から徐々にリアルイベントが解禁されていく中で、参加者の方々の熱量や反響はもちろんのこと、主催者やクライアント、私たち制作サイドも心を動かされる瞬間がたくさんあり、感動の場面に立ち会えたことに大きな喜びを感じました。

その一方で難しかったのが、感染症対策と演出のバランスです。もちろん国が定めたガイドラインや電通ライブで策定・公開した「新型コロナウイルス対策マニュアル」に則ることは大前提です。しかし、感染症対策と演出はトレードオフな側面もあるので、どのくらいステージとお客さんを近づけるのか？お客さん同士の距離はどのくらい保つべきか？など、世の中の状況なども踏まえながらさじ加減を見極める必要がありました。

ただ、新型コロナウイルス感染症が5類に移行されてからは、クライアントやお客さんの感染症対策に対する考え方も変わってきた印象です。ガイドライン遵守や消毒など当たり前にやるべきことはやった上で、いかに「リアルにしかない価値」を最大化できるかがより問われています。

今回、「アフターコロナのイベントを企画する際に大切なこと」を改めて考えてみたのですが、本質的な部分はコロナ前から変わっていないと思うんです。すなわち、"没入感"という言葉でよく表現されますが、五感に訴えるような身体性を伴う体験を、どれだけ丁寧に演出できるかに尽きる、ということ。それはステージ上の演出はもとより、椅子の座り心地かもしれないし、売店のポップコーンの匂いかもしれないし、空調の効き具合やエントランスで流れている音楽かもしれない。そのような細部の環境演出も含めて、コロナ以前からこだわってきたことを、より鮮明に意識してつくっていくことが大切です。

アフターコロナで大きく変化したのはリアルの本質的な価値ではなく、リアルを取り巻く周辺環境です。つまり、生活者はオフラインだけでなく、オンラインもハイブリッドも選択できるようになったということ。だからこそ、リアルにしかない価値を提供できなければ、お客さ

イベントの企画と運営の極意

☑ **アフターコロナで大きく変化したのはリアルの本質的な価値ではなく、リアルを取り巻く周辺環境である。**

☑ **五感に訴えるような身体性を伴う体験を、丁寧に演出する。**

☑ **最初にストーリーを徹底的につくり込み、最後までブレさせない。**

図1 観客を取り巻くあらゆる場面での五感に訴える身体性を伴う演出

んに「これ、オンラインで良くない？」と思われてしまう。

　リアルならではの圧倒的な世界観や没入感は、主催者や演者だけでなく参加者たちもその空間を一緒につくっているような感覚をもたらします。それこそ、参加者が一体感を感じるだけでなく"共謀"するような気持ちにまでなれたら、それはすごいイベントだと思うんです。最近は「つくり手」と「参加者」の境界がどんどん曖昧になっていますし、参加者の反応や反響を前提とした企画・演出も生まれています。"参加"からもう一歩進んで"共謀"まで到達できるようなイベントが、これからの時代には必要なのではないかと思います。

　もうひとつ、大事なポイントがあります。それは、「根幹のストーリーをつくり込む」ということ。これはエンタメ先進都市として知られるモントリオールのクリエイターやディレクターたちが口を揃えて言っていたことなのですが、とにかく良いクリエイティブを生み出すために欠かせないのは、最初にストーリーを徹底的につくり込み、最後までブレさせないことだ、と。

　世界的なイベントの中には一見、ストーリーがあまり感じられないようなショーもありますが、実は細部にわたって非常につくり込まれたストーリーが存在するんです。そのストーリーによって、あらゆる意思決定やクリエ

イティブの判断基準を統一しています。大きなプロジェクトになればなるほど、関わる人間が増えていきます。ストーリーがなかったり、途中で変わってしまったりすると、各々の判断基準にブレが生じ、全部が合わさった時になんか違うとなってしまう。そこから無理に辻褄を合わせようと調整する作業は、はっきり言って地獄です（笑）。最初に苦労してでも根幹のストーリーを固めておくと、あとの作業がすごくラクになるのでおすすめです。これもコロナ以前から重要なポイントではありましたが、リアルならではの価値がより求められるアフターコロナにこそ、改めて再認識したポイントです。

情報や仕組みだけでは動かない人の心が動く瞬間を創出しよう

　コロナ禍で、イベントは"不要不急"の対象になりがちでした。でも改めて考えると、実はさまざまなクライアントが抱える課題解決にイベントが役立つケースは多いと感じています。特にリアルに関して言えば、やはり五感に訴えかける没入型の体験を創出できるのが強みですから、例えば企業やブランドの世界観、フィロソフィーを伝える手段としてイベントを活用することで、テキストや映像だけでは伝えきれない深い体験をターゲットに提供できるでしょう。

世の中にある商品やサービスは誰かの・何かの課題を解決するために存在していると思うのですが、これからの時代はただ「役立つ・便利・おしゃれ」な側面を伝えるだけでなく、それをつくっている企業の理念や信念、社会的な存在意義も伝えないと生活者からは選ばれなくなりつつあります。

　しかし、人は情報や仕組みだけでは動きません。強い感動が生まれる瞬間、心が動く瞬間を創造する必要があります。

　私自身、大型ライブイベントを3年ぶりにリアル開催した時、来場者の「待ってました！」「開催してくれてありがとう」という反響の数々、「〇〇さんと数年ぶりに再会できた」というファン同士の交流も含めて、たくさんの心が動く瞬間に立ち会えたことで、改めてリアルの価値を体感することができました。

　海外のショービジネスに携わる方々と話していると、日本のイベントを中心としたエンタメ業界が、世界から非常に注目されていることを実感します。国内はもちろんのこと、海外でも高く評価されるような日本発のライブエンタメをつくれるポテンシャルがあると信じています。そのためには、欧米のように日常的にエンタメを楽しむ文化が根付くことも重要だと思いますので、ぜひ皆さんと一緒に良質なコンテンツを生み出して、日本のイベント業界を盛り上げていけたら嬉しいです。

図2 リアルを取り巻く周辺環境

profile

金田実里氏
minori kaneda

プロデューサー。ライブエンターテインメント領域のショーコンテンツやイベントの企画・プロデュースを手掛ける。また、世界中のライブエンターテインメントプロフェッショナルと連携したプロジェクトチーム「spotlight」のメンバー。

「リアルイベント」にまつわる Q&A

回答者
電通ライブ
金田実里 氏

Q.1　リアルイベントを企画する際に注意すべきことは何でしょうか。

A.安易にハイブリッドを採用しない。

コロナ禍でオン・オフを統合したハイブリッドなイベントが急速に増えました。しかし、ハイブリッドが世の中に浸透したからといって、安易にハイブリッドを採用しないほうが良いと思います。例えば、"そこに行くことの価値"を強調したいならば、あえてオンライン配信は実施しないほうが特別感は際立ちますよね。オンライン配信が誰でも簡単に導入できるようになり、生活者にとっても身近な選択肢になりつつある今だからこそ、あえてリアルイベントに絞ることで、その価値や話題性を高める方法もあるのです。ブランディングの観点でも、特定のターゲットに深い体験をしてもらったり、特別な体験をしてもらいたい場合は、リアル限定のイベントにしたほうが、ファンのエンゲージメントが高まる可能性はあります。逆に言えば、オンラインという手段が当たり前になった時代だからこそ、なぜリアルでやるのか?をより明確に定義する必要も出てきていると思います。

Q.2　話題化のための設計はどのように考えていますか?

A.心動かす瞬間と切り取りポイントをつくる。

先述したように、あえてチャネルや人数を絞って特別感を演出することや、来場した人だけが最初に知ることができるニュースを提供する、あるいは何かサプライズ的な仕掛けをつくることは話題化の手段として有効だと思います。そのような、誰かに発信したくなるような話題を提供するだけでなく、やはり感動体験は情報発信の強烈なトリガーになると思うので、いかに心を動かす瞬間をつくれるかが重要ですね。

それから、今はSNSが情報拡散の主要ツールなので、ワンビジュアルで切り取った時に映える場所や、15〜30秒のショート動画で切り出せるようなポイントを意識的に用意しています。それらの要素をオウンドメディアなどでも積極的に発信することで、切り取りポイントをターゲットに伝えることも重要です。

Q.3　人々が求めるものをどのように汲み取っているでしょうか。

A.SNSでの情報収集に加え、ライブやイベントに参加する。

各種SNSのウォッチングはもちろん、自分が関係するキーワードを登録してニュースサイトに表示されるようにしています。家族からは「手にスマホがくっついている」と揶揄されるぐらい、起きている間はずっと情報収集しているかもしれません（笑）。情報だけでなく、気になったライブやイベントにはなるべく参加していますし、「spotlight」の活動でグローバルチームと毎週定例会をする中で、海外の最新トレンドも継続的に吸収しています。この前もグローバルチームからケベックで行われる最先端のイマーシブシアターやクリエイティブカンファレンスを紹介されて、チームメンバーと視察に行ってきました。その際はただショーを見るだけでなく、なるべくつくり手やパフォーマーにも会って話を聞くようにしています。

`Case Study`

ブランド体験を提供する取り組み

没入できる地下空間で
ブランドスローガン
を体感

KDDI
「GINZA 456
Created by KDDI」

西原由哲
（KDDI ブランド・コミュニケーション本部
　ブランドマネジメント部
　推進グループ リーダー）

米澤ちなつ
（KDDI ブランド・コミュニケーション本部
　ブランドマネジメント部　推進グループ）

ブランドスローガンを
実感できる場に

　LEDのファサードが通りを行く人々の目を引く、「GINZA 456 Created by KDDI」。「456」という数字は、銀座4丁目5番6号に位置することに加え、KDDIが4Gから5G、5Gからその先へつなぐ場所という意味を込めて付けられた名称だ。地下1階から地上2階までの3フロア構成で、地下はイベントフロア、1階はエントランスショールーム、2階はKDDIの各種サービスの受付フロアとなっている。

　1階のショールームは、光るLEDの裏側に進んだ先にある。KDDIがこれまで研究・開発してきた技術を来場者が体感しやすい形で紹介し、「スマホ」だけではないKDDIと社会や消費者との接点を提示する。その奥に階段があり、地下に降りると約20×5メートルのスペースが。ここは床と壁に映像を投影でき、その没入感を強みとしたさまざまなイベントを行ってきた。

　この場ができた背景を、KDDI ブランド・コミュニケーション本部の西原由哲さんは次のように説明する。「KDDIでは2019年から、『おもしろいほうの未来へ。』『Tomorrow, Together』というブランドスローガンを掲げています。通信を中心として、日常生活や企業活動における新しい体験価値を生み、お客さまや社会に寄り添い、一緒に未来へ向かって持続的に発展・成長していきたいという当社の思いを表現したもの。それを体験を通してお客さまに実感していただける場として、このGINZA 456を開設しました」。

　同じく推進グループの米澤ちなつさんは、こ

1階のエントランスショールーム。

「GINZA 456 Created by KDDI」。地下1階のイベントフロアでは、2023年3月まで「GINZA 456 ととのう宇宙ラウンジ」を開催中。

2022年3月から5月にかけて開催されたイベント「願いツナグサクラ」の様子。

れまで営業部門で販売支援業務にあたっていたが、「お客さまと接する中で、当社の商品やサービスを選んでいただくには、それ以前にブランドとして価値を感じ愛着を持っていただいた状態をつくることが何より重要だと感じました」と話す。文化の発信の中心地としての銀座の目抜き通りに「GINZA 456」を設けることで、普段KDDIと接点が無い人も含め、ブランドの魅力を広く発信することを目指している。

3つの視点で
イベントを企画

基本的には地下1階で開催されるイベントのテーマがエントランスの装飾にも反映されているため、テーマ設定は集客の要となる。どのように考えているのだろうか。

「僕らは『PR脳』と呼んでいるのですが、世の中の関心ごとと、KDDIがブランド発信したいテーマ、そしてお客さま視点の3つの掛け合わせで考えています」と、西原さん。KDDIとしてのテーマは、同社のオウンドメディア「KDDIトビラ」の運営チームと連携して選定している。

たとえば2022年3月から5月にかけて実施されたイベント「願いツナグサクラ」では、世の中の関心ごととして季節に合わせた「桜」、KDDIが発信したい「ブレインテック」、新型コロナによる分断などを背景に人々の中で増幅していると想定した「願い」を掛け合わせた。ブレインテックは脳神経科学とITを掛け合わせた技術で、参加者が空間内に設置された「願いを込める台座」の前でイヤホン型脳波計を着けて願いごとをすると、その脳波が測定され、それに応じた一人ひとり異なるデザインの桜が壁に投影

される。こうした方程式で考えることで、ブランドと消費者の視点を織り交ぜた、PR効果の高い企画が期待できるという。

ターゲット層に届くイベントにするために、外部のインフルエンサーもコンセプト設定やリサーチの段階から企画に参加している。インフルエンサーを「拡散を依頼する人」ではなく、「価値共創パートナー」と捉えてのことだ。

「当初は広告会社に企画を提案していただいていたのですが、自分たちの思いをスピード感をもってダイレクトに企画に反映し、知見を蓄積していくべく、約1年前から当社のチームメンバーとインフルエンサーの方々、という体制で企画をするようになりました。たとえば、

若年層を中心にSNS拡散を狙った『願いツナグサクラ』の企画の際は、『このくらいの（桜の）大きさだと自撮りをする際に入りきらないのでもう少し小さい方が良い』『この言い回しの方がSNSでは伝わりやすい』などと、拡散・共感の観点から的確なアドバイスをしてくれました」（米澤さん）。

また企画に必須で織り込んでいるのが、「距離を超えて参加できる」という点。「通信事業を展開する企業として、距離や時間に阻まれずにどこにいる人でも参加できるのは重要なことだと考えています」（西原さん）。「願いツナグサクラ」の際も、遠方の人もリモート参加できるように特設サイトを用意。自分の「願いごと」を入力

LEDのファサードは迫力満点。季節やイベントに合わせて演出が変化する。

「GINZA 456 ととのう宇宙ラウンジ」では、幻想的な宇宙旅行と暗闇での瞑想を組み合わせた癒しの体験を提供。脳波を元にどのくらい「ととのう」状態になれたかを測定し、「ととのうスコア」が表示される。

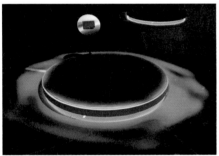

イベントの開催に合わせ、1階の装飾や展示も宇宙に関する内容に。

し、願いを託したい桜の種類を選ぶことで、自分の願いがリモートでGINZA 456壁面の桜の木に映し出されるしくみとした。企画と並行して、体験設計は21年3月に発足した「au VISION STUDIO」が担当。脳波の数値化など専門的な設計は外部のパートナー企業と協業しているものの、イベントは基本的にKDDIで内製しており、ここでの体験はKDDIのブランドを体感することに繋がる。

イベントは遠隔地の人も参加できる仕様になっており、スマートフォンでは「おうちでととのう宇宙ラウンジ」が体験できる。

様々なテーマで
体験イベント開催

2022年12月から翌年3月まで開催した「GINZA 456 ととのう宇宙ラウンジ」では、多忙な日常を過ごす現代の人々に向けて、幻想的な宇宙旅行、暗闇での瞑想を組み合わせた約30分間の体験を提供した。

靴を脱いで各自のスペースに座り、体験がスタート。体験中はイヤホン型脳波計を着け、どのくらい「ととのう」状態になれたかを測定する。結果は「ととのうスコア」として、100点満点の数値とそれに連動した光の演出で確認できる仕掛けだ。たとえば「ととのうスコア」が高いほど、青白くクリアな光になる。

11月からは、デジタルデバイド解消に向けた取り組みを学べる体験型イベント「デジタルコネクションストーリー〜平成ノスタルジーと村のミライ〜」を開催している。ポケベルや赤外線通信を使った連絡先交換などの演出で平成ノスタルジーを体験できるというもの。触ると不思議な変化が起こる壁面の映像やARでデジタルデバイド解消に向けた解説で、平成を懐かしみながら、「誰もがデジタル化の恩恵を受け

ることができる世界」を体感することができる。「今後もさまざまなイベントを企画し、多くの方々が立ち寄りたくなるようなブランドスペースとしていきたいです」（米澤さん）。

profile

▶ **西原由哲**氏
Yoshinori Nishihara

profile

▶ **米澤ちなつ**氏
Chinatsu Yonezawa

ご購入はホームページで。

マーケティング・クリエイティブの事例研究に
宣伝会議の雑誌

Marketing & Creativity
宣伝会議

宣伝会議
**最新動向がつかめる宣伝・広告・
マーケティングの専門誌**

毎月1日発売　1,500円（税込）

販促会議
**「人が集まる」「商品が売れる」ための
アイデアが揃う販売促進の専門誌**

毎月1日発売　1,500円（税込）

広報会議
**情報伝達スキルが身につく
日本で唯一の広報専門誌**

毎月1日発売　1,500円（税込）

ブレーン
**アイデア・発想を広げる
広告クリエイティブの専門誌**

毎月1日発売　1,500円（税込）

全誌デジタル版、配信中。
デジタル版なら、記事を全部検索。
あの会社の広告事例もまとめて見ることができる!

全誌デジタル版
好評配信中

1誌　　　　月額1,100円（税込）
4誌セット　月額3,960円（税込）

徹底活用！
広告制作プロダクションガイドの見方

018ページからは制作会社の基本情報や作品などを掲載しています。

そこで、はじめにこの本の見かたをご紹介しておきましょう。

掲載企業の業務領域や得意分野、どんなクライアントの仕事をしているのか、

その作品および解説をじっくりチェックして、最強の制作パートナーを見つけましょう。

※すべての記載内要は各社の判断に基づきます。

掲載企業の詳細、強みなど 制作会社の概要や強みが書かれています。

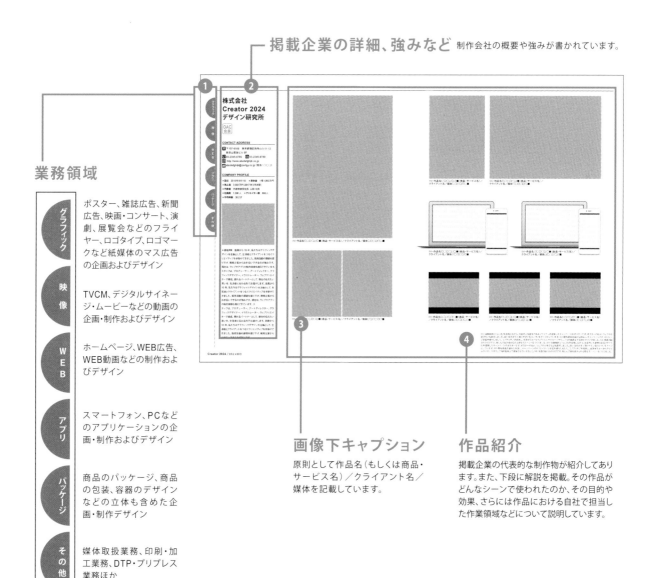

業務領域

グラフィック
ポスター、雑誌広告、新聞広告、映画・コンサート、演劇、展覧会などのフライヤー、ロゴタイプ、ロゴマークなど紙媒体のマス広告の企画およびデザイン

映像
TVCM、デジタルサイネージ・ムービーなどの動画の企画・制作およびデザイン

WEB
ホームページ、WEB広告、WEB動画などの制作およびデザイン

アプリ
スマートフォン、PCなどのアプリケーションの企画・制作およびデザイン

パッケージ
商品のパッケージ、商品の包装、容器のデザインなどの立体も含めた企画・制作デザイン

その他
媒体取扱業務、印刷・加工業務、DTP・プリプレス業務ほか

画像下キャプション
原則として作品名（もしくは商品・サービス名）／クライアント名／媒体を記載しています。

作品紹介
掲載企業の代表的な制作物が紹介してあります。また、下段に解説を掲載。その作品がどんなシーンで使われたのか、その目的や効果、さらには作品における自社で担当した作業領域などについて説明しています。

広告制作
プロダクションガイド
基本情報&作品

- アイル企画
- アクロバット
- アズワン
- アドブレーン
- ウィルコミュニケーションデザイン研究所
- エージー
- オンド
- サンデザインアソシエーツ
- C&S Design
- シーズ広告制作会社
- GMO ENGINE
- スタヂオ・ユニ
- スパイス
- 大日
- たきコーポレーション
- ティ・エー・シー企画
- dig
- 東京アドデザイナース
- 東京グラフィックデザイナーズ
- 東京ニュース
- トラック
- ノエ
- バウ広告事務所
- 博報堂プロダクツ
- パズル
- 広瀬企画
- フェロールーム
- プロモーションズライト
- マルキンアド
- むすび
- モスデザイン研究所
- ライトアップ

全32社（● はOAC会員社／● はその他企業）
※掲載は原則五十音順です

有限会社 アイル企画

OAC 会員

CONTACT ADDRESS

〒160-0022 東京都新宿区新宿 3-11-10
新宿 311 ビル 9F
03-3341-5626（代表） FAX 03-3341-5745
https://www.ill-kikaku.com
info@ill-kikaku.com（担当：中村）

COMPANY PROFILE

- 設立 1982 年 7 月 31 日 ● 資本金 500 万円
- 代表者 代表取締役社長 長澤 幸四郎
- 社員数 39 人 ● クリエイター数 36 人
- 平均年齢 32.9 才

01・サッカーダイジェスト／日本スポーツ企画出版社／雑誌

● 会社 PR 私たちアイル企画は 1982 年の設立以来、エディトリアルを中心にアドバタイジング、WEB と時代の流れの中で成長してきました。私たちが特に心掛けていた事はつねにアナログ思考を忘れず、アイルブランドにこだわり妥協を許さずにきたことです。

混沌と目まぐるしく変化するデザイン業界、私たちはお客様が求めているクリエイティブを明確に把握し、ニーズに応えることができる制作会社として今後も歩んでまいります。

デジタルプラットフォーム時代、ペーパーレス時代の今だからこそ私たちは平面構成にこだわり続け挑戦していくことを怠りません。

02・Slugger／日本スポーツ企画出版社／雑誌

03・DUNK SHOOT／日本スポーツ企画出版社／雑誌

04・姫野ノート「弱さ」と闘う53の言葉／飛鳥新社
／書籍

05・超進化論藤井聡太 将棋AI時代の「最強」と
は何か／飛鳥新社／書籍

06・DIME／小学館／電子書籍

07・VTuberスタイル／アプリスタイル
／雑誌

08・早めの住み替えを考える高齢者
ホーム2024／朝日新聞出版／雑誌

09・今夜、死にたいきみは、明日
を歌う／双葉社／書籍

10・意味が分かると怖い謎解き
【祝いの歌】双葉社／書籍

11・短時間でしっかりわかる 図解
依存症の話／日本文芸社／書籍

12・1週間で勝手に痩せていく体
になるすごい方法／日本文芸社
／書籍

13・C's Comicsへたのよこずき1
／主婦と生活社／電子書籍

14・BUSONの超現代風源氏物語
日めくり／©JTBパブリッシング
／日めくりカレンダー

01・写真を活かし、シンプルで読みやすい誌面を目指してデザインしています。02・写真の迫力や躍動感を活かせるように意識してデザイン・レイアウトしました。03・ダイナミックさが映えるデザインと色使いを意識して制作しました。04・力強くなりすぎないよう、やわらかさがでるように意識しました。05・タイトルのイメージに合わせて蛍光の特色を使用し、目を引くようにしました。06・雑誌『DIME』の電子版。雑誌とは違い見開きで考えず、単ページで完結するデザインに。色と書体もスマホで見たときにどう見えるのかを意識し制作しています。07・VTuberさんの魅力を伝えられるよう、毎号楽しんで制作しています。08・高齢者の家族に伝わるわかりやすいイラストや配置を心がけました。09・タイトルの読みやすさと、作品の繊細な世界観を壊さないよう意識して制作しました。10・謎解きなので、伝え方と怖さを意識して制作しました。11・ネガティブな印象を与えないように、優しく明るいデザインを心がけました。12・男女どちらでも手に取ってもらえるような配色にし、長いタイトルをインパクトある配置にしました。13・イラストレーター横峰沙弥香さんの世界観をやさしい雰囲気で仕上げました。14・クスッと笑えるポジティブなテンションを全面に表現しました。

株式会社
アクロバット

OAC
会員

CONTACT ADDRESS

📍 〒150-0002　東京都渋谷区渋谷1-4-12
　富田ビル6F
📞 03-5464-3981　📠 03-5464-3982
🌐 http://www.acrobat.co.jp
✉ info@acrobat.co.jp（担当：山内）

COMPANY PROFILE

● 設立　2000年2月2日　● 資本金　1,010万円
● 代表者　代表取締役　杉谷 一郎
● 社員数　24人　● クリエイター数　23人
● 平均年齢　36才

● 会社PR　グラフィック、WEB、映像、アプリ。現代の企業コミュニケーションに欠かせないあらゆる媒体の企画と制作を、私たちはワンストップでご提供することができます。コンセプトやキービジュアルの開発はもちろん得意とするところですが、そのメッセージを柱に、どんなコミュニケーションの手法を取るべきかを考えることも、私たちの重要なサービスのひとつになっています。商品の特徴やプロモーションの目的に合わせて最適なソリューションと、最良のクリエイティブをご提案いたします。

［就職をお考えの皆さまへ］
会社はひとりひとりのデザイナー、コピーライターの自己実現の場でありたいと考えています。ですから何より大切にしているのは、スタッフ個々のモチベーション。やる気と結果さえ出せば、時間の使いかたは本人の自由です。創業22年のまだ小さな会社ですが、気持ちと態度は大きく、オール業種・オール媒体に強いプロダクションを標榜しています。創業の混乱期を終え、これからが成長期。豊かな才能をもつ方との出会いを楽しみにしています。※募集状況・会社説明会のご案内は、当社ホームページをご覧ください。

「精肉売場」篇

主婦1：いたー！
主婦2：お肉売場ね！

ジャンさん：やっべ！

主婦1：まちなさーい！
主婦2：なんで逃げるのー！

ジャンさん：ああっ

NA：精肉売場に置いてあるぞ！

01・それいけジャンさん／モランボン／WEBムービー

02・どこかにビューーン！／JR東日本、NRIデジタル、野村総合研究所／
交通広告（広告代理店：ジェイアール東日本企画）

03・ジェフユナイテッド市原／ポスター
（広告代理店：ジェイアール東日本企画）

04・母の日・父の日／東急百貨店／ポスター（広告代理店：東急エージェンシー）

05・ハッピーバレンタイン／渋谷ヒカリエShinQs
／WEB（広告代理店：東急エージェンシー）

06・かにを食べに北陸へ。／JR東日本／交通広告（広告代理店：ジェイアール東日本企画）

01・焼肉のたれ「ジャン」の魅力を訴求するWEB動画です。「ジャン」をモチーフにしたキャラクターが、スーパーや家でドタバタ劇を繰り広げながら、商品の魅力をユーモラスに伝えます。02・行き先をランダムに決める、JR東日本の新たな旅のスタイル「どこかにビューーン！」。新幹線の疾走感や快適さ、そして新天地を旅することのワクワク感を、迫力あるビジュアルで表現。03・毎年Jリーグの開幕シーズンに制作しているポスターです。2023年は選手の背中をメインにした大胆な構図と、熱いコピーで新シーズンに懸ける覚悟を表現しています。04・東急百貨店の「母の日」「父の日」販促キャンペーン。筆記体を用いたタイトルで買い物やお祝いに心躍る様子を伝えようと苦心しました。05・有名パティシエの逸品をはじめ、意匠を凝らしたチョコレートが集まるShinQsのバレンタイン。「自分へのご褒美」という従来のコンセプトに加え、「性別を超えて楽しめる」という新しい価値観をビジュアル化しました。06・鉄道での北陸三県への送客を目的に、「かに」を主役にした北陸新幹線のキャンペーン。5年目となる今回は、かにや県名を大胆に配置してインパクトを出そうと試みました。

グラフィック

映像

WEB

アプリ

パッケージ

その他

株式会社アズワン

OAC
会員

CONTACT ADDRESS

〒162-0801　東京都新宿区山吹町333
江戸川橋アクセス5F
03-3266-0081　FAX 03-6265-0018
https://az1.co.jp
eigyou@az1.co.jp

COMPANY PROFILE

● 設立　1996年10月23日　● 資本金　4,000万円
● 代表者　代表取締役社長　中田 朋樹
● 社員数　38人　● クリエイター数　38人
● 平均年齢　47才

● 会社PR　アズワンは、DTP制作会社としてスタート
しました。その後、仕事の領域を広げ、現在では雑誌や
広告の編集、デザインも行っています。社内には編集
ディレクター、デザイナー、DTPオペレーター、校正者
が在籍し、制作物の企画からフィニッシュまで一貫した
制作体制を敷いています。また、DTP用アプリケーショ
ンの開発・販売、書籍の出版なども行っています。
広告・販促物の制作は、私たちの主力業務のひとつで
す。これらの制作においては、企画、デザイン、ライティ
ング、写真撮影、DTPなど、様々なスタッフの連携が不
可欠です。アズワンは、総合制作会社として、お客様が
求める目的に応じて適切な人材を集めてチームを編
成。制作にともなう煩雑な指示・管理業務の一切をディ
レクターが代行し、ワンストップでの制作体制を可能に
しています。

強力なデータベース連動型
自動組版で制作の効率化に貢献

　私たちアズワンは、1993年に前身と
なる会社で事業を開始してから、31年
間、自動組版を積極的に取り組んできま
した。現在では、カタログ制作において
年間1万ページ以上制作しており、カタ
ログ制作業務の時短、コストダウン、品
質向上を実現しています。

　これまでの自動組版では、カタログ制
作用にエクセルやファイルメーカーな
ど、掲載したい内容のデータを自動で流
し込んでいましたが、現在力を入れてい
るのが、商品データベース連動型の自
動組版、カタログXCMS®になります。

　カタログXCMS®とは、（株）プロ
フィールドが提供するサーバー自動組
版機能を備えたカタログ制作ソリュー
ションパッケージで、基幹系データベー
スとInDesign制作環境をシームレスに
統合。商品情報の管理・データの受け渡
し・内容確認・校正などのプロセスを自
動化して、カタログ制作の膨大な手間と
時間を大幅に削減することができます。
商品データベースと連動型にすること
で、制作の過程で起こりうる誤植・誤掲
載も抑制することができます。

　多くの企業様をサポートさせていた
だいた経験を活かして、カタログ制作業
務の効率化に貢献させていただきます。

QRコードの自動生成と
自動校正ソリューションを確立

　QRコード※はカタログでも、誌面か
らWEBサイトへアクセスし、最新の情
報が閲覧できるよう活用されています。

無料でQRコードを作成できるサービス
もありますが、商業用で使用するには画
像処理が必要なものがほとんどです。

　そこで、アズワンでは、QRコードに関
するソフトウェア・プラグインを導入し、
商業用の規格に準じたQRコードの自
動生成と自動校正ソリューションを確立
しました。これによりQRコードの作成
作業はもちろん、確認作業も短時間で正
確に行うことができるようになりました。

　今までQR校正は携帯で読み込んで
確認するのが一般的でしたが、誌面の
URL取得、サイトのサムネール表示、取
得したURLと元のURLの照合など、よ
り精度の高いQR校正を実現するととも
に、クライアントへのエビデンス提出に
も活用いただけます。※QRコードは
（株）デンソーウェーブの登録商標です。

様々なDTPソリューションを
ワンストップで提供

　アズワンでは、雑誌の編集・制作に長
く携わってきた経験を活かし、Adobe-
InCopyを使った雑誌制作ソリューショ
ンを開発しました。Adobe InCopyとは、
InDesign環境をもたない人でもテキ
スト編集を行えるようにするソフトで、こ
れを使えば、編集者やライターが直接、
InDesignデータを編集でき、デザイ
ナーに文字修正を依頼する必要がない
ので、制作の効率化を実現できます。

　今までの制作にムダを感じる。制作効
率を上げたい。ミスを防ぐシステムで制
作したい。テレワークに合わせた制作体
制を構築したい。など現状を変えたいお
客様のお手伝いを仕組みで解決するの
がアズワンのソリューションです。

01・QR自動校正ソリューション／アズワン／ソリューション

02・自動組版ソリューション読本／アズワン／冊子

03・自動組版VS手動組版／アズワン／動画

04・Nostalgic Classic Car Catalog／アズワン／ムック本

05・HYPER REV Vol.273／三栄／雑誌

01・QRコードに関するソフトウェアを導入し、書き出された情報を活用するQR自動校正ソリューションを確立しました。携帯で読み込まなくてもURLなどが確認できるため、確認作業の時短につながります。02・自動組版ソリューションの自社PR冊子。デザインや漫画のストーリー構成を行いました。カタログ制作に自動組版を取り入れることによって、時短とコストダウンにつながることをわかりやすく漫画で紹介しています。03・自動組版と手動組版で、どれくらい作業時間に差が出るのかがわかる比較動画です。自動組版がいかに効率的で作業の時短につながるかを啓発しています。QRコードから動画をご確認いただけます。04・懐かしの国産名車を集めたムック本の英語版。日本版はすべての編集・DTP作業について、Adobeの文書作成・編集ソフトInCopyを活用したワークフローで自社編集による書籍出版を行いました。英語翻訳版に再編集し、Amazon Kindleにて発売しました。05・株式会社三栄発行の車情報誌。カタログページを新しく制作する際に自動組版を活用しています。自動組版に限らず、新商品の数や修正内容によっては臨機応変に手動でも制作を行っています。

株式会社
アドブレーン

OAC
会員

CONTACT ADDRESS

〒100-0011　東京都千代田区内幸町1-2-2
日比谷ダイビル2F・12F
03-6457-9112（代表）　FAX 03-6457-9131
https://www.adbrain.co.jp/
office@adbrain.co.jp

COMPANY PROFILE

● 設立　1962年7月　● 資本金　5,200万円
● 代表者　代表取締役社長　石平 学
● 社員数　110人　● クリエイター数　91人
● 平均年齢　37.6才

● 会社PR　「頭で描いて、手で作り出し、広く発信する」。アドブレーンは、創業61年を迎える今日まで、数多くのナショナルブランドの広告を手がけてきました。私たちは社員一人ひとりの個性や能力を大切に、常に時代の流れに敏感に、質の高いクリエイティブを提供。メディアが多様化する現在、対応する領域を拡大しながら、クライアントとの信頼関係をより確かなものにするために歩みを続けています。いつも新しく、もっと前へ。それが私たちの取り組みです。

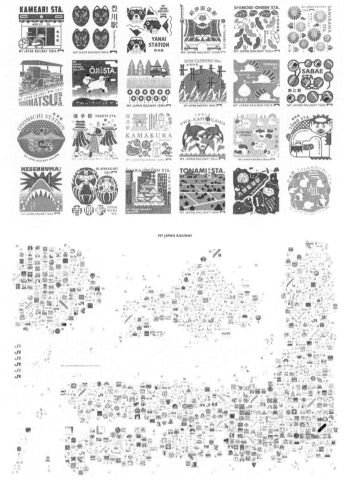

01・鉄道開業150年キャンペーン／JRグループ／App・WEB・ポスター・グッズなど

02・さぁ、好奇心の旅へ。ビビビビ！台湾／台湾観光局／OOH・WEBなど

03・サス鉄ナブル!／JFEホールディングス／
新聞15段・OOHなど

04・WE ARE SEIKO／セイコーグループ／新聞15段・モバイルアプリケーションなど

05・芳幾・芳年 ― 国芳門下の2大ライバル／三菱一号館美術館／
展覧会WEBサイト・SNS動画広告

06・au「ココロ、オドル。夏」／KDDI／店頭ツール・イベントKV

07・カップヌードル（シーフード・レッドシーフード）／日清食品／店頭POP

01・キャンペーンの一環で開始したWEBアプリのデジタルスタンプを制作。駅や鉄道にまつわるアイテムをモチーフに、温かみを感じられるアナログ風のデザインにしました。02・コロナ明けのタイミングでの出稿を意識して、とにかく無条件に楽しそうで、久しぶりにこんな旅がしたい!と直感で感じてもらえるような表現を目指しました。03・鉄は、何度でも何にでも生まれ変わることのできる、実はサステナブルな素材。JFEは鉄を通して持続可能な未来を作っていくというコンセプトで、遥かな時間、その深淵さを感じさせるビジュアルを目指しました。04・セイコーグループ／企業広告「#希望のうさぎ」。2023年の干支であり、飛躍・向上の意味があるうさぎ。元旦からセイコーハウスギンザ・ショーウィンドウのうさぎが立体的に動き出す仕掛けに加えて、元旦新聞の広告でもARを通して希望のうさぎと出会える体験づくりをしました。05・江戸後期を代表する浮世絵師の"落合芳幾"と"月岡芳年"の、2人のライバル関係をデザインに。ポスター・WEB・動画広告で展開。06・夏のイベントやキャンペーンを盛り上げる、au三太郎シリーズ、23夏のKV。「ココロ、オドル。夏」をテーマに元気で躍動感のあるビジュアルを心がけました。07・強風オールバックさんの世界観にシーフードを落とし込みました。夏といえば海、海といえばシーフードじゃないですか!ね?

グラフィック

映像

WEB

アプリ

パッケージ

その他

株式会社
ウィルコミュニケーション
デザイン研究所

【OAC 会員】

CONTACT ADDRESS

📍 [東京オフィス]〒103-0001　東京都中央区日本橋小伝馬町12-9 東京滋賀銀行ビルディング6F

📞 03-5651-3002　📠 03-5651-3007

📍 [大阪オフィス]〒550-0014　大阪市西区北堀江1-3-24 ルイール北堀江3F

📞 06-6537-1901　📠 06-6537-1920

🌐 https://www.wcd.co.jp

✉ kida@wcd.co.jp（担当：木田）

COMPANY PROFILE

● **設立**　1996年12月24日　● **資本金**　1,000万円
● **代表者**　代表取締役社長　矢野 桂司
● **社員数**　28人　● **クリエイター数**　28人
● **平均年齢**　39.5才

● **会社PR**　私たちの名刺の裏には"What is communication?"と書いてあります。まだコミュニケーションデザインという言葉が浸透していなかった27年前、私たちは、これからの新しいコミュニケーションを探求していきたいという決意を胸に、創業しました。その当時の想いがこの言葉に込められています。

いま、テクノロジーによっていろいろなモノゴトの意味が変わっていく中で、新しい切り口や表現から考えていくことは、リスクとなってしまいました。生活者の一人として課題やベネフィットを考察し、商品やサービスが生活者はもちろん、社会にとって、どうあるべきかを再定義する。それをもとに生活者のタッチポイントを考えて、適したコミュニケーションを構築していく。なかなか一筋縄ではいかない難しい時代ですが、裏を返せば、新しいモノ、オモシロイコトを生み出していける時代。日常の再定義こそ、既知のイノベーションであり、私たちがやるべきこと。「多様性」をキーワードにこれからも進み続けて行こうと思っています。

01・雪塩ちんすこう15周年／南風堂／WEBサイト

02・雪塩ちんすこう15周年／南風堂／パッケージ

03・テコカコテ／千日前道具屋筋／カードゲーム

04・絆具（TSUNAGU）／千日前道具屋筋／WEBサイト

05・Cyclingood／シマノ／WEBサイト

06・OVE／シマノ／WEBサイト

01・02・沖縄のお土産の定番、雪塩ちんすこうの発売15周年を記念してスペシャルサイトと、ビキニを着たキュートな雪塩ちんすこうの限定パッケージを制作しました。03・調理道具のプロ集団、大阪・千日前道具屋筋商店街と、遊びながら料理道具を覚えられるオリジナルカードゲームを開発。コロナ禍で自粛生活が続いた地域の小学校に寄贈し喜んでもらいました。04・先人の築き上げてきた文化を未来につなぐことを目的に、大阪・千日前道具屋筋商店街が立ち上げた伝統道具の統一ブランドを紹介しています。05・自転車が便利な移動手段としてだけではなく、楽しみながらココロやカラダが健康になる存在であることをWEBサイトとフリーペーパーで幅広い層に伝えています。06・自転車を楽しむ拠点として、季節の食材を味わうカフェとして、イベントスペースとしてなど、さまざまな顔をもつOVE南青山を紹介しています。

グラフィック

映像

WEB

アプリ

パッケージ

その他

07・KOYOMIKAN／和歌の屋／ブランディング

08・大阪ミュージアムズ／大阪博物館機構／広報誌

09・猫パティシエのラングドシャ／三立製菓／パッケージ

10・HITOTOKI NOTE／キングジム／WEBサイト

11・観光ポスター／奈良県東吉野村／ポスター

12・ブランド紹介／タッパーウェアブランズ・ジャパン／カタログ

07・紀南というみかんの産地で優れた生産者が手掛けた特別な品種を選び、丁寧に作られたみかんジュースのブランディングプロジェクトを行いました。08・大阪市立の博物館・美術館の歴史、美術、自然、科学技術にまつわる展示物について、毎号特集テーマを設定し、広い読者層の興味を深め来館を促す広報誌を制作しました。09・クックダッセシリーズのピスタチオクリームが入ったラングドシャの新パッケージデザイン。猫のパティシエをキーデザインに展開しました。10・HITOTOKI NOTEのサイトリニューアル。一つひとつの商品のデザインと使用感がわかりやすく見える導線設計を行いました。11・美しい清流と深い山々に囲まれた自然あふれる奈良県東吉野村の観光ポスターです。12・タッパーウェアブランドを紹介するとともにタッパーウェアのあるライフスタイルを提案しています。

株式会社
エージー

OAC
会員

CONTACT ADDRESS

〒104-0061　東京都中央区銀座3-7-3
銀座オーミビル4F

03-6826-3410　FAX 03-6826-3420

https://azinc.co.jp

担当：人事総務

COMPANY PROFILE

● 設立　1962年7月　● 資本金　5,005万円
● 代表者　代表取締役社長　秋元 敦
● 社員数　60人　● クリエイター数　35人
● 平均年齢　30.2才

● **会社PR**　商品やサービスを伝えるだけでなく、企業の「こころ」まで届けたい。エージーは1962年、この志のもとに創業以来、いくつもの時代、いくつもの企業のパートナーとして、価値の高いクリエイティブを提供しつづけています。エージーはただの「老舗」でも、ただの「広告制作会社」でもありません。ブランディングからプロモーション戦略までメディアの枠にとらわれず、マーケティング視点からユニークな提案ができる業界屈指のコミュニケーション・クリエイター集団として、企画戦略、メッセージ、デザイン、映像などすべてを創出します。

01・カゴメトマトジュースPREMIUM／カゴメ／パッケージデザイン・店頭・ノベルティなど

02・ATTESA2023AW／CITIZEN／B2ポスター

03・東京メトロ　2023年度マナーポスター／公益財団法人メトロ文化財団／ポスター・中吊り

04・企業広告／竹中工務店／新聞・交通広告

05・nishikawa DOWNプロモーション／西川／
ポスター・リーフレット・店頭ツール・WEBなど

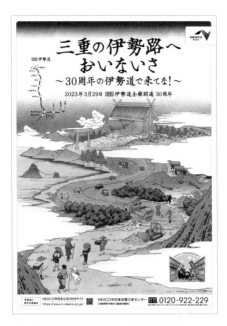

06・伊勢道開通30周年記念／NEXCO中日本／
ポスター・チラシ・新聞広告

07・バカボンのパパの提案／ACジャパン　支援キ
ャンペーン　日本眼科医会「天才バカボン」©赤塚不
二夫／ポスター・新聞・雑誌・交通・ラジオCM

08・一言のシン（アニメコンテンツ）／日本公認会計士協会／
YouTube・WEBなど

09・大東京商店街まつり／大東京商店街まつり実行委員会及び東京都／
ポスター・チラシ・PR動画・WEBなど

10・バカボンのパパの提案／ACジャパン　支援
キャンペーン　日本眼科医会／TVCM

11・カゴメトマトジュース×キレートレモンプロ
モーション／カゴメ／店頭・動画など

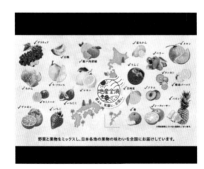

12・野菜生活100　季節限定シリーズ　ブランドム
ービー／カゴメ／動画

01・パッケージデザインは原料のトマトの良さと高級感をシンプルに表現。パッケージ以外にもキャンペーン全体の企画・WEB・動画・店頭プロ
モーションデザイン・インナー向け施策など紐付く全ての施策を総合的に企画制作プロデュースしました。02・民間月面探査プログラムに採用され
ているシチズンのチタニウム技術。月と時計と探査機をモチーフに、未来への挑戦を応援する姿勢を表現。03・そっと背中を押してよい行動へと促
す「ナッジ理論」を用いたメッセージと、画面全体を使ったダイナミックな構図で展開。04・森を育てることが未来のまちづくりを担う人材育成にも
つながる。その企業姿勢を、実際の研修風景を追って表現しました。05・寝息まで伝える空気感をフィルム写真で表現。羽毛布団と睡眠の質の高さ
を、熟睡の表情でリアルに伝えようとしたシリーズです。06・伊勢自動車道 開通30周年のPRポスター。お伊勢参りを起点に高速道路が徐々に完成
し、伊勢神宮に至るまでの道のりを描いています。07・10・40歳を過ぎたら受けてほしい眼底検査。40歳以上代表のバカボンのパパにシンプルに
わかりやすく代弁してもらいました。08・中高生向けに会計リテラシーの向上を目指し制作したアニメコンテンツ。09・会場でたくさんの体験がで
きることをにぎやかなデザインで表現。商店街の魅力や地域で担っている役割を伝えました。11・トマトジュースとキレートレモンを合わせて飲む
「キレトマ」のプロモーション動画。サウナを舞台にキレトマのスッキリ爽快な特徴を表現。12・地域から全国へ旬の味覚をお届けする、生産者さま
やカゴメさまの想いが伝わるような動画にしました。

グラフィック

映像

WEB

アプリ

パッケージ

その他

株式会社オンド

OAC
会員

CONTACT ADDRESS

〒107-0062　東京都港区南青山5-10-2
第2九曜ビル5階

03-3486-1460　FAX 03-3486-1461

https://www.onde.co.jp

info@onde.co.jp

COMPANY PROFILE

● 設立　1999年10月　● 資本金　1,000万円

● 代表者　佐藤 章

● 社員数　31人　● クリエイター数　24人

● 会社PR　ダイレクトマーケティングをはじめとした
セールスプロモーションの、企画から媒体制作までを
一貫して行うことにより、企業の"想い"を生活者に的
確に届けるためのサポートをいたします。
経験豊富なベテランから笑顔が絶えない若手まで、個
性豊かなスタッフが目指しているのは、効率を求めるク
リエイティブより情熱を持った血の通うクリエイティブ
です。

● 業務内容

○各種販促ツールの企画・制作

○ブランディング戦略の構築（Brand DNA）

○クリエイティブエキスパートによる販促ツール評価（XPP®）

○ネットリサーチによるユーザーインサイト調査（XPR®）

● 採用計画

○新卒採用：グラフィックデザイナー若干名

○中途採用：業務拡大に応じて随時（プロデューサー／
コピーライター／Gデザイナー／WEBデザイナー）

● 待遇と勤務

初任給：198,000円（2023年度新卒実績）＊中途採用
については、実績と能力を考慮し決定　昇給：給与改定
（年1回）　賞与：会社業績に応じて決定　勤務時間：
10：00〜18：00（裁量労働制）　休日・休暇：週休2日
（土・日）、祝日、年末年始、夏季休暇、年次有給休暇

福利厚生：社会保険完備（健康・厚生年金・雇用）
・定期健康診断・会員制リゾートホテル及び施設の利用

● 採用のポイント

元気の良さ、素直さ、そして笑顔。人柄は自ずと仕事に
現れます。協調性と積極性を持ち、目標に向かって仕事
に取り組める方の応募をお待ちしています。

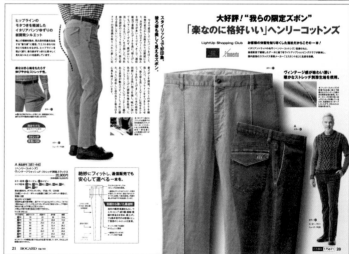

01・ライトアップショッピングクラブ／各種カタログ

02・東武百貨店（池袋）／顧客催事カタログ

03・東武百貨店（船橋）／キャンペーンポスター

04・東武百貨店（池袋）／ランドセル
カタログ

05・東武百貨店／ギフトカタログ

06・東武百貨店／リーフレット

07・東武百貨店（池袋）／キャンペーン
ポスター

08・東武百貨店（船橋）／新聞折込

09・東武百貨店（船橋）／新聞折込

10・紀ノ国屋／新聞折込

11・ショップチャンネル／カタログ

株式会社
サンデザイン
アソシエーツ

CONTACT ADDRESS

［大阪本社］

〒542-0081　大阪市中央区南船場2-4-8
長堀プラザビル 7F

📞06-6261-2961(代表)　📠06-6261-2960

［東京オフィス］

〒153-0064　東京都目黒区下目黒2-23-15
下目黒ヘンミビル6F

📞03-5719-7688　📠03-5719-7689

🌐https://www.sundesign.co.jp/

✉sda_info@sundesign.co.jp

COMPANY PROFILE

● 設立　1962年4月　● 資本金　5,000万円

● 代表者　代表取締役　松尾 政明

● 社員数　44人　● クリエイター数　41人

● 平均年齢　38才

● 会社PR

私たちサンデザインアソシエーツは、パッケージデザインを主軸として生まれ、創業61年を迎えました。
現在は、求められるデザイン領域が広がり、生活者に響くクリエイティブを多角的に手がけています。
営業はおらず、クリエイターが直接クライアントの課題を掘り下げ、解決に導くために立ち上げからサポート。
頼れるクリエイティブパートナーとして、コンセプト策定やブランディング、WEBサイトやLP、動画など、コミュニケーション戦略全般までお任せください。
ニーズを超えたワクワク感をお届けします。

● 業務領域

パッケージデザイン領域全般

コミュニケーション戦略全般

ブランディング・グラフィックデザイン
エディトリアルデザイン・WEB・LP施策
動画ディレクション

● 受賞歴

JAA 広告賞 第60回　メダリスト

JPDA 日本パッケージデザイン大賞 2021　銅賞

JPMPOPCREATIVEAWARD 2018　銀賞

01・マイサイズシリーズ ／ 大塚食品 ／ VI、パッケージ

02・マギー ブイヨン・マギー コンソメシリーズ ／ ネスレ日本 ／ VI、パッケージ

03・チョコレートブランド「紬花」シリーズ ／ ゴンチャロフ製菓 ／ VI、パッケージ

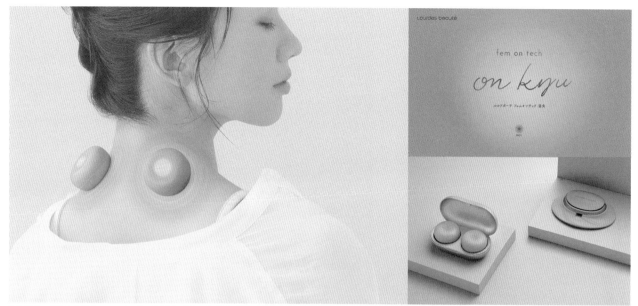

04・アテックスルルド fem on tech ／ アテックス ／ ブランドキービジュアル

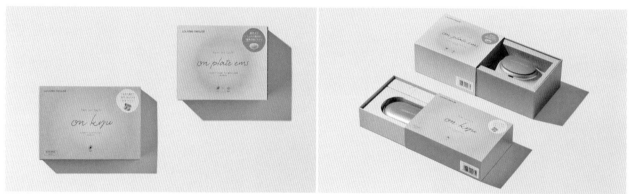

05・パッケージ

06・ブランドストーリー

08・WEBサイト

07・ムービー

04-08・美と健康をサポートする「アテックスルルド」から、初のフェムテック商品が誕生。コンセプト開発から、ネーミング、ロゴデザイン、パッケージ、WEBやイメージムービー制作などトータルに商品ブランディングを担当させていただきました。女性特有の悩みや不調を「温める」ことで解決する本シリーズ。いかに女性に寄り添い、悩みに対してどのようなテクノロジーで解決するものなのか、その価値・魅力を明確に伝え、差別化を図るため、この「温める」をキーワードに、一貫したコンセプトやブランドストーリー、ネーミング、ビジュアル開発を行っています。ブランドの世界観は、あたたかく優しい繊細なトーンにこだわり、変化する女性のカラダに寄り添うブランドのアイデンティティを直感的に伝えています。発売以降、予想を超える反響をいただき、人気のシリーズとなっています。

グラフィック

映像

WEB

アプリ

パッケージ

その他

有限会社
C&S Design

CONTACT ADDRESS

📍 〒161-0034　東京都新宿区上落合3-8-25
　　FLAMP 1005
📞 03-3365-1505
🌐 https://csdesign.jp
✉️ nabe@csdesign.jp（担当：渡邊）

COMPANY PROFILE

● 設立　2005年3月1日　● 資本金　1,000万円
● 代表者　代表取締役　今井 政和
● 社員数　6人　● クリエイター数　6人
● 平均年齢　39才

● 会社PR　我々はエンターテイメント系のWEBサイトを数多く制作しており、創業から18年が経ちました。現在もマンガ、ゲーム、アニメなど取り扱う作品の本質を捉えることで、魅力的で印象を強く与える体験を提供したいと今もなおクリエイティブなアイデアと最新のテクノロジーを使い、楽しさと感動をWEBサイトに詰め込みユーザーの心をつかむよう心掛けています。
社名の「C&S」とは"Cup & Saucer"の頭文字であり、お客様のご要望を受け止める入れ物と受け皿でありたいという思いと"Color&Style"という意味も併せて持ち、様々な色やスタイル（アイデアやデザイン）を提案していきたいという2つの考えから付けられています。
総勢7人と小さな会社ではありますが、少数精鋭としてディレクションやデザイン、開発など全員が制作に携わる形で構成されており、お客様のアイデアとビジョンを実現するため連携を大切にし、プロジェクトを成功に導くよう共に歩みます。そして、WEBプロジェクトを通じてユーザーに楽しみをもたらし、ファンに変え、長期的な成功を支援していきたいと考えています。

01・電撃文庫30周年サイト／KADOKAWA／WEBサイト

02・アオペラ -aoppella!?-公式サイト／マーベラス／WEBサイト

03・hololive × HoneyWorks／カバー／WEBサイト
© 2016 COVER Corp © HoneyWorks & INCS toenter inc, All Rights Reserved

04・ドラゴンエイジ創刊20周年記念サイト／KADOKAWA／WEBサイト

05・うたの☆プリンスさまっ♪ Shining Live 6th Anniversary特設サイト／
KLab／WEBサイト

06・うたの☆プリンスさまっ♪ Shining Live　彼の力を引き出す鍵は……？
大切なパートナーとの運命を占おう!／KLab／WEBサイト

07・デジタルモーションコーポレートサイト／デジタルモーション／WEBサイト

08・青木ハウジングコーポレートサイト／エリアドライブ／WEBサイト

09・キッチンツールの通販【ブラバンシア】／エリアドライブ／ECサイト

10・エヌズ・ゲームコーポレートサイト／エリアドライブ／WEBサイト

01・横位置イラストをユーザーがすべて見られるようスマートフォンでは横スクロールさせることで閲覧出来るよう対応。02・"爽やかさ"や"エモさ"を全面に出すためデザインはもちろんの事、文字の出方や音楽記号などのアイテムに対してより良い動きの演出を心掛けた。03・コラボプロジェクトサイトのためデザインの偏りに気をつけながらクライアント側で定期的に情報更新が行えるようにWordPressを導入。04・20周年サイトに相応しくアニバーサリー感のある華やかなデザインと演出を制作。創刊から現在までの足跡が分かるよう年表を画像とテキストで見やすく表現。05・6周年サイトとして特別感を演出するためオープニングや背景の音符記号など華やかさを動きで表現。06・スマートフォン専用サイト。質問の選択により結果が変わりOGP画像も全種類用意。07・クライアントから3Dデータを提供いただき3Dキャラを埋め込みページを開いた時のインパクトを強めた。08・地域密着型の不動産会社のため、やわらかいデザインに。WordPressも導入。09・ECサイト構築にmakeshopを導入。10・物流と道をコンセプトとしたデザインと動きの演出で企業イメージを訴求。

株式会社
シーズ広告制作会社

CONTACT ADDRESS

［東京本社］

📍 〒150-6139　東京都渋谷区渋谷2-24-12
　　渋谷スクランブルスクエア39F

📞 03-5778-4123　📠 FAX 03-6700-6866

🌐 http://www.c-seas.co.jp

✉ info-tokyo@c-seas.co.jp

［大阪本社］

📍 〒530-0037　大阪市北区松ヶ枝町6-11
　　SEASビル

📞 06-6351-6673　📠 FAX 06-6351-6415

🌐 http://www.c-seas.co.jp

✉ info-seas@c-seas.co.jp

関連会社
株式会社シーズシティーグループ

COMPANY PROFILE

- ●設立　1990年7月　●資本金　9,800万円
- ●売上高　8億円（2023年度決算）
- ●代表者　代表取締役社長　篠原 仁郎
- ●社員数　45人　●クリエイター数　42人
- ●平均年齢　44才（グループ全体）

設計：安藤忠雄氏

●**会社PR**　シーズ広告制作会社はグラフィックデザインを主軸に、企画、販促企画、ブランド戦略、カタログ制作などを手がける総合プロダクションです。東京・大阪を拠点とし、自社スタジオを持つ撮影チームとも連携。各チームがプロジェクトごとに、グラフィック・WEB・撮影・企画・ブランディングなど、多岐に渡るクリエイティブサービスを提供しています。東京・大阪ともに営業職が存在しないクリエイティブスタッフ中心の組織体制は、グループ創業から50年以上変わることなく、代理店や大手企業の系列に属さない独立系制作会社として常にきめ細かな対応を心がけ、お客様に納得いただけるアウトプットをご提供します。

01・BARTH／アース製薬／ブランドサイト・店頭ウィンドウディスプレイ・OOH

02・20NEO（ニーゼロネオ）Cool Hydrating Body Gel／Hug&Smile
／ラベルデザイン・WEBサイト

03・企業広告／石垣／新聞広告（日経産業新聞広告賞 優秀賞）／デジタルサイネージ（JR山手線、羽田空港、JR新大阪駅、高松空港）／電車ラッピング広告

04・ネットカフェリニューアル／アプレシオ／企画プランニング・空間デザイン・空間コーディネイト

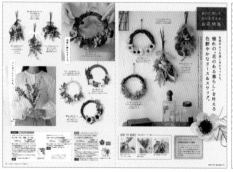

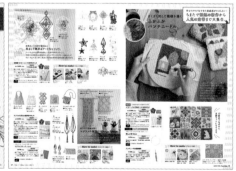

05・大好き！手作り kura labo／千趣会／カタログ

01・BARTHブランドの重炭酸入浴剤シリーズの訴求ポイントを見直し、ブランド全体のテーマとしてナイトケアを強調することで、「枕」を「睡眠」の象徴とし、ブランドイメージを強化しました。**02**・現代人に寄り添う新次元スキンケアブランド、20NEO「ライフスタイルライン」ボディジェル新登場。容器ラベル・化粧箱・リーフレット・WEBデザイン制作、撮影（スチール・動画）。**03**・認知アップと水に関わる企業であることをシンプルに表現しました。多媒体展開を行う事でリクルーティング強化も目指しました。**04**・ネットカフェのリニューアルにあたり、アプレシオが展開する24時間スポーツジムとの組み合わせを試みることで、ラウンジ、漫画喫茶、テレワーク、三つの機能を持つスペースとして新たな客層の取り込みを目指しました。**05**・2008年創刊から続く手作りカタログ。※kura labo（くららぼ）＝「暮らし」＋「手作り」＋「ラボラトリー（研究所）」の略。

GMO ENGINE
株式会社

CONTACT ADDRESS

📍 〒150-8512　東京都渋谷区桜丘町26-1
　　セルリアンタワー4F
📞 03-3444-0147　📠 03-3444-0157
🌐 https://www.engine-f.co.jp/
✉ info@engine-f.co.jp（担当：岡田、高野）

COMPANY PROFILE

- ●設立　1987年4月15日　●資本金　9,000万円
- ●代表者　代表取締役社長　平川 浩司
- ●制作部平均年齢　30.4才

●**会社PR**　私たちGMO ENGINEは、広告のワンストップ・プロダクションとして、TV-CM・WEB・コマーシャル　写真・プロモーション映像などの企画制作を中心にオリジナルコンテンツの企画制作・プロダクト企画開発などを行っている制作会社です。
当社にはプロデューサー、プロダクションマネージャー、ディレクター、デザイナーといったクリエイターが多数所属しており、卓越したクリエイティブワークを提供しています。　プロデュースした映像コンテンツは、その独創性や表現力が高く評価されており、世界3大広告賞の1つである「カンヌライオンズ」や国内最大規模の広告賞「ACC TOKYO CREATIVITY AWARDS」をはじめとする国内外の数々の広告・映像賞で多数の受賞歴を誇っています。また、GMOインターネットグループとのシナジー効果により広範囲な広告コンテンツの制作にも 積極的に取り組んでおります。

採用情報(新卒・中途)
弊社は業界屈指の福利厚生を誇り、外部スタッフへの気配りも忘れません。また、週末を彩る多彩なイベントが定期的に開催され、社員間の絆とチームワークを深めています。

プロデューサー/プロダクションマネージャー　一緒に働く仲間を募集しています! 最新の採用情報につきましては、弊社コーポレートサイトをご確認ください。

01・みんな、いい顔してる。／資生堂／TVCM

02・ライフスタイルフィット／ヤマト運輸／TVCM

03・ULTRA LIGHT DOWN／ユニクロ／TVCM

04・ネスカフェ Make your world／ネスレ日本／TVCM

05・ポッキーチョコレート／江崎グリコ／TVCM

06・企業／大林組／TVCM

07・サッカー日本代表／TOYO TIRE／TVCM

08・GMOとくとくBB光／GMOインターネットグループ／WEBCM

09・MEVIUS／日本たばこ産業／WEBCM

10・Duolingo／Duolingo／TVCM

11・WHO I AM／WOWOW／グラフィック

株式会社
スタヂオ・ユニ

CONTACT ADDRESS

〒160-0022　東京都新宿区新宿2-19-1
ビッグス新宿ビル6F

☎ 03-3341-0141　📠 03-3341-0145

🌐 http://www.studio-uni.com

✉ info@studio-uni.com

COMPANY PROFILE

● 設立　1958年8月1日　● 資本金　1,000万円
● 売上高高　10億円（2023年4月決算）
● 代表者　代表取締役社長　佐藤 昭一
● 社員数　72人　● クリエイター数　60人
● 平均年齢　44才

● 会社PR　スタヂオ・ユニは、半世紀以上の長きに
わたり、国内最大手の百貨店グループをはじめとした
クライアントの広告戦略・制作に携わってきました。
その歴史の中で信頼をいただくために心がけてきた
こと。それは、時代や手法、広告を取り巻く環境に
フィットし続けることです。

紙媒体がプロモーションメディアとして全盛だった時
は過ぎ去り、いまはWEBを中心としたデジタルプラッ
トフォームの時代。この大きな変化の中でも、クオリ
ティとスピードを落とすことなく、クライアントの課題
を解決するためのアイデアやアウトプットの研鑽と、
組織としての体制を整え続けてきました。

変化の激しい広告業界の中で、環境や新しいニーズ
に適応していく力。そして、期待を超えるクオリティを
追求し、真摯に取り組む姿勢。それが、スタヂオ・ユニ
の考えるクリエイティブの力です。

クリエイティブ＆ストラテジーメニュー：
○CI・BI・VI　○印刷物　○WEB　○WEB運用/レポー
ティング/コンサルティング　○映像　○プロダクトデザ
イン　○データマーケティング　○広告・プロモーショ
ン戦略　○コンテンツマーケティング　ほか

Wear New Me.

いままで出会うことのなかった、あたらしいじぶん。

気分でかわる、いろいろなじぶん。

今という瞬間を自由に楽しんだり、

大切に受け継がれてきた歴史に思いを重ねたり。

目もとからはじまるあなたの心地よいものがたりに、

わたしたちはいつも寄り添います。

rim (of jins)

01・rim of jins札幌オープンキービジュアル／JINS／ポスターほか

02・Tokyu Department Store Christmas 2023／東急百貨店／
ポスター・動画（デジタルサイネージ）ほか

03・KITTE丸の内ゴールデンウィーク／
JPビルマネジメント／
ポスター・イベント企画立案ほか

04・ハイポネックスジャパン「リキダス」／
ハイポネックスジャパン／
雑誌広告・店頭POPほか

05・羽田空港の「5STAR AIRPORT」受賞告知／
日本空港ビルディング／
ポスター・サイネージ動画ほか

06・伊勢丹新宿PROLOGUE　Autumn ～新たな幕開け～／
三越伊勢丹／WEBサイトほか

07・WALLET SELECTION by HANDS／ハンズ／WEBサイトほか

08・2023SWEETS COLLECTION／
三越伊勢丹／カタログほか

09・みどりの風／住友林業レジデンシャル／
会報誌（A4×28ページ）

10・会社紹介／久保田美簾堂／
三つ折パンフレット・WEBサイト

01・札幌店オープンに伴い、キービジュアルの制作をしました。「Wear New Me.」というコンセプトには、過去の自分も受け入れながら、新しい自分に着替えるというメッセージが込められています。02・アップデートする東急百貨店とともに、「ときめき・ココロオドル」クリスマスをコンセプトに制作しました。03・KITTE丸の内の10周年記念の年間コンセプト「音楽とアート」に合わせて、ゴールデンウィークのイベントを開催。メインビジュアルの制作やイベント企画を担当しました。04・植物を元気にする活力液「リキダス」。新商品エコパックの発売を機に、ファッションやインテリアに興味がある新たな層へ向けたキービジュアルを制作しました。05・羽田空港旅客ターミナルが世界最高水準である「5STAR AIRPORT」を獲得したことを告知するキービジュアルを制作しました。06・3年振りの「シーズンインキャンペーン」として、アーリーアダプター層をターゲットに「ファッションの伊勢丹」を表現したキャンペーンサイトを制作しました。07・サイト内部的に「表」と呼んでいるページにて財布の特長を解説しつつ、「裏」ページでバイヤーがゲストに対して財布をプレゼントするという2段構成です。08・「LIFE with CHOCOLATE」をテーマに、チョコレートの幅広い楽しみ方をご提案するスイーツコレクション。形態にもこだわり、紙ならではの表現を毎年追求しています。09・住友林業グループの賃貸住宅不動産オーナーに向けた会報誌（年4回発行）を特集企画～撮影も含め制作を担当しました。10・明治創業の伝統に裏づけされた京すだれ職人の丁寧で細やかな仕事を伝えるべく、美しく余韻が残るような写真とデザインを意識しています。

株式会社
スパイス

OAC
会員

CONTACT ADDRESS

〒107-0052　東京都港区赤坂2-14-5
Daiwa赤坂ビル

03-5549-6130

https://spice-group.jp

info@spice-group.jp

COMPANY PROFILE

- 設立　1984年3月30日　● 資本金　5,100万円
- 売上高　20億8,000万円（2023年7月決算）
- 代表者　代表取締役 東海林 鉄男
- 社員数　207人　● クリエイター数　180人
- 平均年齢　34.5才

● 会社PR　「こころを繋ぎ、たゆまぬ進化を」スパイスグループは1984年の創立以来、常に時代の先を見つめながら日々進化を重ね、現在ではグラフィックデザインをはじめ、WEBデザイン、3DCG、動画制作、モーションキャプチャの輸入販売、スタジオ運営まで行うクリエイティブエージェンシーへと成長してきました。

昨日の成功事例が今日はもう通用しないほど変化の激しい広告業界で、これからもクライアント様の要求に高いレベルでお応えするために、有機的な事業展開、組織編成、そして人員配置を行っていきます。

最適解を導くための、一切の変化を恐れません。これから先、想像もしないようなテクノロジーが生まれ、これまでのセオリーがまったく通用しない状況が訪れても、スパイスグループはこれまで同様、変化を喜び、進化への糧にしていきます。

01・新潮文庫の100冊／新潮社／店頭ポスター

02・ロボットテクノロジージャパン2024／
ニュースダイジェスト社／告知ポスター

03・MATCH／大塚食品／連貼りポスター「2023年4月」

04・ロッテ 爽 2023年キービジュアル／ロッテ／店頭ボード

05・大人たばこ養成講座　喫煙所のお作法。／日本たばこ産業／
WEBサイト、各種SNS、WEB広告など

06・喫茶マック／日本マクドナルド
／店頭ポスター

07・LEPSIM／アダストリア／店頭ポスター

08・のんある晩酌 ハイボール
ノンアルコール／サントリーホ
ールディングス／店頭ポスター

09・超探偵事件簿レインコード／スパイク・チュン
ソフト／モーションキャプチャ収録

10・ブランドコミュニケーション／
増永眼鏡／WEBバナー

11・EBiDAN 前略、道の上より／SDR／
山手線ドア横ポスター

12・お笑いストリートファイト／AbemaTV／番組サムネイル

13・ECOTO／ジョイカルジャパン／
ネーミング、ロゴ、プラン紹介LP

14・moment／ティグリス・ジャパン／パッケージ・商品サイト

15・Cycle.me 7-Eleven Limited／
ドットミー／キービジュアル

16・ポイズ 肌ケアパッド超スリム＆コンパクト／
日本製紙クレシア／パッケージ

17・スリムアップスリム シェイプ／
アサヒグループ食品／パッケージ

01・毎年夏に書店で開催される文庫フェアの店頭ツール。今年はイルカに乗って旅するキュンタをデザイン。02・2024年7月に愛知県で開催されるビジネス展示会の告知ポスターを前回展に引き続き制作。03・パッケージのリニューアル及びグラフィック制作。WEB動画と連動したビジュアルで広告を展開。04・バニラのコク×微細氷由来のスッとした爽快感を表現したビジュアルを作成。05・喫煙する方々に喫煙環境を見直すきっかけにという想いを込め「喫煙所のお作法。」をWEBにて広告公開。06・「喫茶マック」として、レトロな喫茶店の世界観を商品パッケージやポスターなどに落とし込んだ。07・「よく笑うひと」をテーマに、季節ごとの各種グラフィックツールを制作。08・酒好きにもウケる、ノンアルコールでも思わず飲みたくなる止渇感を表現した広告を制作。09・作中のドラマ部分の3Dを全て弊社モーションキャプチャスタジオにて収録。10・ロゴ及びWEB用広告制作。「この国の新しい顔をつくれ」をテーマに新しい老舗ジャパンブランドの広告を制作。11・「恵比寿学園男子部」通称EBiDAN「前略、道の上より」をリリース記念したプロモーション企画。12・リアルな街を舞台に、"誰が一番面白いか"を決めるお笑い番組。ストリート感のあるビジュアルを制作。13・カーリースでカーボン・オフセットできるプラン。ネーミングやロゴから直感的にECOを感じられるようにしました。14・NY発リラクゼーションドリンクの香りやリラックス感が伝わるような、パッケージとキービジュアルを制作。15・Cycle.meのグレーの世界観に合わせ、各商品を整列させたビジュアルを作成。16・商品特長である個包装のコンパクトなサイズ感とうすさを訴求しました。17・キレイで健康的な体型を目指したい女性のためのプロテインです。素材のフルーツと商品カラーで構成。

株式会社 大日

CONTACT ADDRESS

📍 〒104-0045　東京都中央区築地1-12-22
　　コンワビル 6F
📞 03-3546-2040　📠 03-3546-2044
🌐 http://www.dai-nichi.co.jp
✉ info@dai-nichi.co.jp（担当：泉）

COMPANY PROFILE

- 設立　1966年2月15日　● 資本金　1,500万円
- 売上高　9.1億円（2022年12月決算）
- 代表者　代表取締役社長　谷川 竜之
- 社員数　25人　● クリエイター数　7人
- 平均年齢　43才

01・企業広告／TDK／WEB動画

● 会社PR

「面白そう！」を原動力に

私たちは、戦略・企画立案からコンテンツの完成まで
スピード感を持って、一貫して行える人材と設備が
あります。広告会社だけでなく、広告主からの直接
案件も積極的に受注しています。事業領域は「面白
そう！」という興味本位で拡大し、クライアントの期待
を超えて工夫やアイデアを生み出します。

よろずクリエイティブ集団

社内には映像・グラフィック・音声コンテンツのプラン
ニングやディレクションができるクリエイターが揃って
います。企画立案の際にはひとつの課題に対し社内
の多種多様な引き出しから様々なアイデアを結集し、
幅広い提案ができます。

無限の可能性を諦めない

弊社は編集スタジオとミキサーが常駐しているMA
スタジオ、そして動画からスチールまでコンパクトな
撮影に対応可能なスペースを備えています。他社に
比べると、撮影やポスプロ作業でかかるコストを削減で
きる分、クリエイティブの様々な可能性を追求できます。

手描きを、贈ろう。

02・Pentel Arts／ぺんてる／WEB動画

【弊社HPはコチラ】→

デジタルシフトは止まらない。

いま日本が、新しい時代への一歩を踏みだすとき、
IIJは卓越したネットワーク・クラウド・セキュリティの技術で、
日本のデジタルシフトに応えていきます。

つぎの未来へ。

IIJ
Internet Initiative Japan

株式会社 インターネットイニシアティブ

03・企業広告／インターネットイニシアティブジャパン／OOH（東京駅・名古屋駅・新大阪駅・博多駅 新幹線ホーム）

04・AC支援キャンペーン／プラン・インターナショナル・ジャパン／
交通・新聞・雑誌広告など

05・移住促進キャンペーン／松戸市子ども政策課／OOH・パンフレット

06・企業広告／ベルテックス／TVCM+グラフィック

07・企業広告／ワークポート／WEB動画+グラフィック

01・全世界に向けたブランドムービーとし、グローバルを意識し出演者やロケ地は全て海外で手配しました。登場する相棒ロボットのCGは表現にこだわり、表情豊かに仕上げました。02・日常にある手描きの瞬間を多く取り入れ、アートは身近なものであると感じられるよう企画演出。ぺんてる様の文具愛、手描き愛、ものづくり愛の素敵さが感じられるよう制作しました。03・コロナ禍で変化を求められる企業のDXに対して日本のインターネットを支えてきたIIJの企業メッセージをビジネスパーソンが行き交う新幹線ホームに掲載。シンプルかつ印象に残るビジュアルで構成しました。04・プラン・インターナショナル・ジャパンが初めてACで広告掲載するとのことで企画から仕上げまで対話の時間を多く作り、見た人が自分ごと化できるよう心がけました。（JAAA広告賞「消費者が選んだ広告コンクール」メダリスト）05・住みやすく、子育てに優しい街づくりを掲げる松戸市の移住キャンペーンとして松戸在住の3家族を取材し、家族から家族へ向けたサプライズ企画を演出し、ムービーとグラフィックを制作しました。06・広く興味関心を持ってもらえるよう不動産投資という広告表現上難しい内容をキャッチーに愛らしく企画演出。松岡昌宏さんの15年前のご自身との共演は話題化にも繋がりました。07・井上尚弥選手の常に挑戦する姿勢や言葉を、転職を考える方へのエールとなるよう企画演出。監督とカメラマン2人のみで井上選手の練習に極限まで接近し、これまでにないリアルで迫力のあるカットを捉えました。

08・体操ニッポン／三菱地所／TVCM

09・企業広告／コスモエネルギーホールディングス／TVCM

10・moz LOGO TシャツBOOK／宝島社／TVCM

11・MUFGウェルスマネジメント／三菱UFJ銀行／TVCM

12・冷凍貯金／旭化成ホームプロダクツ／TVCM

13・chocoZAP／RIZAP／TVCM

14・CDレコ／アイ・オー・データ機器／TVCM

まずファンになる、そしてパートナーへ。

「大切にしていることは、クライアントの商品やサービスのファンになること」。そう話すのはこれまでCM/CF/ショートフィルムなど数多く手がけてきたディレクターの三ツ橋勇二。三ツ橋自身、お客様からファンになって頂ける事も多く、それはこの姿勢が制作したものを通して届いているからだと感じられる。

「文房具を実際に使ってコンテやデザインを描く。描線が自分のおぼろげな感覚を明確にしてくれる。文房具が自分を表現してくれて、手になじみ、いつの間にか唯一無二の存在になる。ファンだから、言えること。ファンだから作れるものがある」

ENERGEL／ぺんてる／WEB動画

誰よりも商品やサービスを理解し、商品やサービスを生み出した"クライアントの想い"も受け取り、クリエイティブに活かしていく。このような想いで生み出された映像作品は、時にクライアントのご担当者自身も気づいていない心の奥深くにある想いをも映し出すものになる。

クライアントと作り手が、お互いにリスペクトし合い、想像を超えるクリエイティブを生み出せたときこそ、本当のクリエイティブパートナーになれたと思える。そんな感覚を大切にして、一つ一つ丁寧に向き合いパートナー関係を築きながら、制作進行していく事こそ、三ツ橋のクリエイティブスタイルなのである。

遺言信託〔遺心伝心〕／三菱UFJ銀行／WEB動画

伝えるための、俯瞰の愛。

生え抜きの若手ディレクター勝又翔太は、我が道を行く感性豊かな個性派だが、誰よりも冷静な一面を覗かせる時がある。

とある機械メーカーのPRの仕事では、クライアントの技術や商品への愛に、自身も少年心をくすぐられ興奮していたが、机に向かい企画を始めると真剣な表情に変わっていく。「この技術と熱意を広く分かってもらえるように表現しないと広告の意味がない」と言いながら、視聴者目線になり技術的な素晴らしさが伝わるかを冷静に考える。机に置かれた商品のミニ

チュアを用いて商品の見せ方を研究する。そしてクライアントの話を反芻し、企画構築していく。衝撃や感動を受け入れる高い感受性を生かし、冷静さの中にも愛のある企画を作っていく。

このようなクライアントへの純粋な同調と、想いを伝える冷静な思考の組合せが、仕事の大小を問わずお客様の心を掴み仕事の輪が広がっている。そのスタイルは、「俯瞰の愛」と言えるだろう。

HD785をつくる人／小松製作所／WEB動画

大日とは

トライをし、カタチにしてみる。チームで話し合い、磨き上げていく。制作が哀愁たっぷりの企画を提案したり、理想の効果音を探求したり。プロデューサーが渋いナレーションを吹き込んだり、センチメンタルな音楽を弾いたり。ディレクターが自分でカメラを回したり、愛らしい仕掛けを作ったり、全員が自分ごと化し、頭・手・足を使って魅力的なコンテンツを追求する。こんな姿勢が大日の特徴である。

08・栄光と挫折を味わってきたトップアスリートの姿を使用可能な試合記録映像と高畑充希さんの眼差しやリンクする動き、想いや感動への感謝をのせた音楽により印象的に表現できるよう企画演出、制作しました。**09**・全国の風力発電所や一般のご家庭をドキュメンタリー撮影しました。音楽は企業テーマソングではなく新しくオリジナル楽曲を提案し、企業として新しい一歩を踏み出していることを強調しました。**10**・コンビニで買える本格ファッションのアイテムを、昭和レトロな世界観と胸キュンストーリーで描き、ユニークでキュートかつ高品質に感じられるよう制作しました。**11**・「MUFGウェルスマネジメント」は世代を超えてパートナーとなる存在であることを表現できるよう企画演出。こちらの事業独自のブランドカラーであるゴールドを、小物や衣装、照明など各所で感じられるよう設計。**12**・OLの忙しい朝を舞台に「冷凍貯金」という提案を通し幸せな朝を迎える喜びを感じられるよう、フードや調理シーン、れいとうクマとの掛け合いやお部屋自体など細部に渡り丁寧に描き、制作しました。**13**・常に進化するサービス内容に合わせサービスの魅力は何かを随時アップデートしながら、「コンビニジム」というワードの開発などサービスローンチ時から、RIZAP様と二人三脚で制作しました。**14**・クイズでの佐久間大介さんのユニークな回答と愛らしい表情を通し、商品名が強く印象に残るよう企画演出。音楽を楽しむ姿やオフショットも本使用するなど佐久間さんの現場での魅力をそのままに制作しました。

株式会社
たきコーポレーション

OAC
会員

CONTACT ADDRESS

〒104-0045　東京都中央区築地5-3-3
築地浜離宮ビル

03-3547-3781（代表）

https://www.taki.co.jp/

info@taki.co.jp

COMPANY PROFILE

- **設立**　1960年3月8日　●**資本金**　1億円
- **代表者**　代表取締役社長　滝澤 寿一
- **社員数**　366人　●**クリエイター数**　249人
- **平均年齢**　39才

●**会社PR**　1960年の創業以来、グラフィックデザイン主体の制作プロダクションとして、多くの仕事に携わってきました。2021年3月よりグループ会社を合併し、新たに社名を株式会社たきコーポレーションとしました。総勢350人を超える社員、うち250人が個性豊かなクリエイター。グラフィック・デジタル・ブランディング・UX・動画、スチール撮影などの制作部門をもつ国内最大規模のクリエイティブエージェンシーです。

スケールメリットとシナジー効果を最大限に生かしながら、時代の変化に柔軟かつスピーディーに対応できる事業体を目指します。

パーパス「つくる。その喜びで、生きる。動かす。」のもと、デザインが持つ「物事の本質を見つけ出し、人に届くカタチにして伝える力」を強みとし、デザインで解決できるすべての領域へと踏み出しています。デザインのノウハウを活用したブランディング支援、デザイン×テクノロジーや動画によるプロモーション、企業のサービス開発から関わるUI/UXデザインの提案など、デザイナー、コピーライター、プランナー、プロデューサー、エンジニアが、新しい社会への価値提案を求めるお客様にお応えしていきます。

NOLTY® TiO

01・NOLTY®TiO／手帳ネーミング／ロゴ

02・NOLTY®TiO／販促キービジュアル

03・NOLTY®TiO／店頭TOPボード

04・NOLTY®TiO／販促POP類

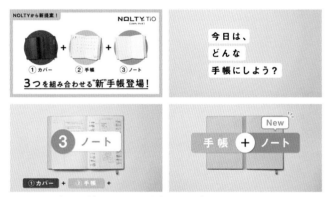

05・NOLTY®TiO／店頭・YouTube配信用ムービー

07・NOLTY®TiO／特設サイト

06・NOLTY®TiO／TikTok配信用ムービー

01・「カバー」「手帳」「ノート」3パーツの商品特長から「Three in One」の頭文字をとり「TiO（ティオ）」と命名。ブランド名のNOLTYと合わせてロゴ化した。
02・3パーツの組合せを3色のカラーでシンボリックに表現した。
03-04・3色のレギュレーションを店頭に展開。商品に3パーツが存在することをわかりやすく強調した。
05-06・商品が役立つ多様なオケージョンを切り口に、3パーツの組合せ手順をリズミカルに表現。感覚的に理解できることを意識した。
07・使い方の説明に加え、ラインナップを整理し、ECサイトへの誘導を意識した。

株式会社
ティ・エー・シー企画

OAC
会員

CONTACT ADDRESS

📍 〒105-0013　東京都港区浜松町1-10-14
　　住友東新橋ビル3号館5階
📞 03-6403-4151　FAX 03-3434-7131
🌐 https://tac.co.jp
✉ welcome@tac.co.jp（担当：長谷川）

COMPANY PROFILE

● **設立** 1973年2月　● **資本金** 2,000万円
● **代表者** 代表取締役社長　田中 一朗
● **社員数** 40人　● **クリエイター数** 29人
● **平均年齢** 36才

● **会社PR** 私たちティ・エー・シー企画は、お客様と同じ目線で課題を共有し、解決に導くトータルコミュニケーションカンパニーです。クリエイティブ・デジタル・プロモーション・グローバルの各分野で、豊富な経験と深い専門性を持つスタッフが連携しながら、企業や商品のブランディングをサポートしています。

01・コンボピュア・コンボドッグ・コンボキャット／日本ペットフード／LP・店頭POP

02・アーラ ブコ・キャステロ ホイップ／アーラ フーズ／展示会ポスター・チラシ・SNSキャンペーンツール

03・ソレンシア／ゾエティス／WEBサイト

04・ヴィラフォンテーヌ グランド大阪梅田／住友不動産ヴィラフォンテーヌ／WEBサイト

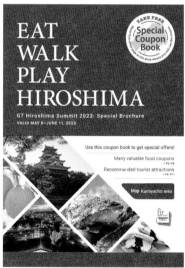

05・TOPPANエッジ／新聞広告

06・そごう広島／スペシャルクーポンブック

07・タオル美術館グループ／サステナビリティレポート

01・ペットフードブランド「コンボ」のLPや店頭POPを担当。各々の特長に応じた表現で、キャンペーンへの応募促進やブランドイメージの向上を図りました。02・新商品発売に伴い、BtoB向けの展示会用ポスターやチラシ制作、BtoC向けのSNSキャンペーンの企画・運営やサイト制作を行いました。03・動物用医薬品。飼主向けに猫の関節の痛みを啓発するサイトやツールのほか、病院向けのサイトやツールなどを制作しました。04・企画・構成からデザイン、コーディングまで担当しているホテルチェーンのWEBサイトで、グランド大阪梅田内に開業したSPAの紹介ページを作成しました。05・事業統合により誕生した新企業の名称とビジョンを周知させるためのビジュアルとメッセージを開発しました。06・2023広島サミットの開催に合わせ、訪日外国人向けクーポンブックを制作。企画・構成から表現開発、多言語対応まで担当しました。07・タオル美術館グループのサステナブルビジョン・全活動を発信するレポートを制作。生産工場内での環境保全への取り組みなどの取材・撮影から担当しました。

株式会社
dig

CONTACT ADDRESS

📍 〒151-0066　東京都渋谷区西原3-17-8
dig bldg.
📞 03-5790-7523　📠 03-5790-7524
🌐 https://www.dig.co.jp
✉ info@dig.co.jp

COMPANY PROFILE

- **設立**　1996年10月　● **資本金**　3,000万円
- **代表者**　松本 知彦
- **社員数**　22人　● **クリエイター数**　20人
- **平均年齢**　35.7才

● **会社PR**　1996年設立。イメージコンサルティングをスローガンに、WEBからプリントメディア・映像まで媒体を問わない、総合的なデザインマネジメントを手掛けています。調査・コンサルティングから戦略立案・デザイン・システム開発・運用までを一貫して提供できる体制をもち、WEBだけではなくエディトリアルデザイン、ロゴの開発や、コーポレートツールの制作でも多くの実績があります。　2016年からはスローガンとしてあらたに「Create Brand」を掲げ、ブランディングの分野にも注力しています。

● **MainClient**　目白大学、オッジ・インターナショナル、光村図書出版、東洋経済新報社、講談社、宣伝会議、ソースポッド、インターネットイニシアティブ　他（順不同・敬称略）

01・目白大学学校案内／目白大学／パンフレット

SOURCE POD

02・ソースポッド／ソースポッド／WEBサイト、ロゴ、名刺、紙袋、クリアファイル

03・宣伝会議／宣伝会議／雑誌（本文デザイン）

04・建築知識 ビルダーズ／エクスナレッジ／雑誌

05・月刊総務／月刊総務／雑誌

06・令和3年度版中学校教科書／光村図書出版／
国語科教科書

07・アリババグローバルB2Bサービス／アリババ
／パンフレット

08・D'URBAN／オッジ・インターナショナル／
シーズンカタログ

09・中央出版50周年誌／中央出版／パンフレット

10・はじめての英語ワーク
ブック／NHK出版／書籍

11・こむぎのおいしいおかし／風讃社／パッケージ

01・目白大学への入学を志望する受験生向け大学案内2024年度版の企画編集・デザインを担当。02・メールセキュリティを取り扱うソースポッドのブランディング。Mission、Vision、Statementの開発、企業ロゴのデザイン、WEBサイト構築、その後各種アプリケーションへの展開までトータルに企業のリブランドを行った。03・日本初の歴史ある広告マーケティング専門誌。雑誌タイトルロゴ、誌面アートディレクション、ページデザインまでトータルで手がける。直感的に訴えるデザインを意識し、読者を誘導する仕掛けやビジュアルを多用した。07・世界最大規模に成長を続けるアリババが提供する「アリババグローバルB2Bサービス」の案内パンフレットを制作。弊社が手がけたWEBサイトに合わせリニューアルを行い、統一感あるブランドイメージを訴求した。10・NHKのラジオ講座「小学生の基礎英語」に関連するワークブック。カラフルな色使いや書体の工夫で、小学生が最後まで楽しく学べるようデザインした。11・スイーツメディア「ufu」が手がけるお菓子ブランドのパッケージをディレクション。店頭での第一印象はもちろん、食べた後も大事に取っておいてもらえるようなデザインを目指した。イラストレーター／白尾可奈子

株式会社
東京アドデザイナース

OAC
会員

CONTACT ADDRESS

📍〒102-0075　東京都千代田区三番町1
　KY三番町ビル
📞03-3262-3894　FAX 03-3262-3882
🌐https://www.tokyoad.co.jp
✉contact@tokyoad.co.jp

COMPANY PROFILE

- ●設立　1961年8月29日　●資本金　1,250万円
- ●売上高　21億円（2023年2月決算）
- ●代表者　代表取締役社長　篠原 茂樹
- ●社員数　176人　●クリエイター数　150人
- ●平均年齢　36.5才

●会社PR　1961年8月。日本の広告業の黎明期に、東京アドデザイナースは誕生しました。

常に広告・デザイン制作の最前線で成長を重ねてきた私たちは、グラフィックから、WEB、ムービー、PRイベントまで、多様なコミュニケーション領域をカバーする総合クリエイティブカンパニーへと進化を遂げました。そして今、新たに策定した「ANSWER in DESIGN.」というスローガンのもと、150人を超えるスタッフが、それぞれの経験、スキル、アイデアを最大化することで、お客様が抱えるさまざまな課題に、最善策=ANSWERをご提案していきます。

私たちはデザインで答えるクリエイティブカンパニーです。

01・『東京卍リベンジャーズ』最終巻プロモーション／講談社／新聞広告、店頭ポスターほか

02・働くのミライ会議／コクヨ／WEB、各種ツール

03・ドラマ「旅するサンドイッチ」／テレビ東京／ポスター、SNS

©SEIBU Lions

04・ホームユニフォームリニューアル／埼玉西武ライオンズ／ユニフォームほか

05・純米酒「萌稲(モネ)」／秋田銘醸(美酒爛漫)／ラベル開発ほか

06・サイトリニューアル／
コーユーレンティア／WEB

07・人権週間啓発ポスター／
東京都人権啓発センター／
ポスターほか

08・Bリーグ公式球BG5000／モルテン／キービジュアル

09・ブランディング、灯おこしプロジェクト／preArch(プレアーク)／WEB、ポスター

10・Airbnb「New Tourism -大阪・なんば-」／
Airbnb／リーフレットほか

01・『東京卍リベンジャーズ』の結末を知りたいという感情を喚起させ、最終巻購入までの行動誘導を目的とした上下対称の「リベンジ逆転広告」を制作。02・考えよう「働く」の本当の多様性。人それぞれが考えるきっかけとなる多様なストーリーを、象徴的なイラストをモチーフに、キービジュアルを制作。03・地域創生を目指す一環として「農業」をテーマにしたドラマ『旅するサンドイッチ』の番宣やドラマ内に出てくるキッチンカーのデザインなども担当。04・'23春から着用の新ホームユニフォームを制作。伝統と挑戦を両立するシンボル「白獅子レオ」を復活。またさまざまなグッズやツールを企画・制作。05・秋田・湯沢の風土を活かした、自社田栽培の純米酒「萌稲(モネ)」。ネーミング、ラベルデザインを起点に、ブランディングまでを社内で一貫して担当。06・全企業情報を洗い出し、編集し直した上で、CIのモチーフを前面に押し出しながら発信。TOPから下層まで、企業のビジョンに即したWEBサイトに。07・スタッフの実体験をもとに作成した「障害者の人権」がテーマのポスター。コピーからデザイン、イラストまで、すべて社内スタッフで完成しました。08・優勝トロフィーをあしらったBリーグ公式球BG5000のKV。連続したプレイを、各チームの選手でコラージュ、一つ一つのプレイが優勝への思いにつながることを表現。09・スタートアップ企業に寄り添い、立ち上げのコミュニケーションを提案しながら、一緒につくり上げていったブランディング・クリエイティブ。10・大阪・なんばの魅力を世界に発信するリーフレットを制作。温かみのある写真や関西弁を交え、どこか懐かしい独特な街の雰囲気を感じられる構成に。

グラフィック

映像

WEB

アプリ

パッケージ

その他

株式会社
東京グラフィック
デザイナーズ

**OAC
会員**

CONTACT ADDRESS

〒107-0062　東京都港区南青山1-15-9
第45興和ビル2階

03-5785-0670　FAX 03-5785-0666

https://www.to-gra.co.jp

COMPANY PROFILE

- **設立**　1961年10月5日　●**資本金**　2,800万円
- **売上高**　9億2,500万円（2023年3月決算）
- **代表者**　代表取締役社長　梶原 鉄也
- **社員数**　44人　●**クリエイター数**　40人
- **平均年齢**　47才

● **会社PR**

総合力を活かす
グラフィックデザインのプロダクションとしてスタート
した当社は、設立して間もなくディスプレイやイベント
といった領域にも参画。1982年に映像部門、2005年に
WEB部門を立ち上げて、時代と共に総合力を高めて
きました。

仕事で応える
ホンダの製品広告とSPツールの制作を事業の根幹
とし、創業の原点であるオートバイを始めとしてクルマ
やパワープロダクツなど各製品を一貫して担い続けて
います。仕事の成果が営業的な役割を果たして、また
次のあたらしい仕事を生み出していく。そんなクリエイ
ティブの在り方を私たちは目指しています。

あたらしい「価値」をつくる
企業と世の中とのコミュニケーションは単に情報を
伝えることではなく、人から人へ想いやメッセージを
届けることだと私たちは考えます。
「本質を捉え、表し、伝える」
この理念の下に、私たちはあたらしい価値を創り出して
まいります。

あたらしい「時代」に向けて
当社が一番大切にしていることは、ツールやメディア、
表現手法がいかに変化しようとも変わることのない
コミュニケーションの本質を追求することです。
先輩達から受け継いできたこの姿勢を貫き、これからも
あたらしい時代に応えるプロフェッショナルで在り
続けます。

01・N-BOX／本田技研工業／カタログ、DM、店頭POP ほか

02・N-BOX／本田技研工業／WEBサイト

03・N-BOX／本田技研工業／映像（CM・WEB動画）

04・EM1 e:／本田技研工業／カタログ、WEBサイト ほか

05・トミカわくわくパーク in Hondaウエルカムプラザ青山／本田技研工業／スペースプランニング

06・Message from Flowers／
本田技研工業／企業カレンダー

07・ベテリナリーシンポジウム 2023／
ロイヤルカナン ジャポン／DM、パンフレット

08・Honda コネクト保険／本田技研工業／
WEBサイト、WEB動画、リーフレット

01・発売から12年を迎え、今なお人気が衰えないN-BOXのカタログを継続制作。コンセプトメイキングからフィニッシュワークまで、クライアントと膝を突き合わせ、商品の魅力を余すことなく伝えるクリエイティブの開発を行いました。02・N-BOXの機種WEBサイトではUI設計を強く意識して、より多くのお客様が目的の情報に素早くアプローチできることを目指しました。03・N-BOXのデザインや機能を訴求する動画を制作。また福祉仕様車においては、新しい需要を生み出すための30秒CMも制作しました。04・Hondaが国内初の一般向け電動二輪車として発売。先行している海外競合メーカーに対して、信頼感・安心感をベースとしたコミュニケーションで電動二輪車への敷居を下げ、多くの人が気軽に使える製品として世の中へアピールしました。05・ミレニアル層や子育て層に向けて、Hondaらしさを最大限に活かせる施策をトミカとのコラボで実現。展示スペースに巨大な商品パッケージをレイアウトし、実車がまるでミニカーになったかのような不思議な体験ができる空間を企画・設計しました。06・季節を楽しむことをテーマに、使いやすさにも配慮した企業カレンダー。一人ひとりの暮らしを豊かにしたいという企業理念を、日常に寄り添うデザインで表現しました。07・獣医療関係者を対象とした「ベテリナリーシンポジウム」の開催告知DMや講演内容をまとめた冊子を制作。獣医療界のサステナブルな発展を目的とするロイヤルカナン社の活動をクリエイティブ領域から支援しました。08・クルマの走行データを受信して運転診断や割引を行う、これまでにない自動車保険（特約）の商品性を親しみやすい表現で訴求。保険に対する心理的ハードルの緩和を狙いました。

株式会社
東京ニュース

CONTACT ADDRESS

〒101-0042　東京都千代田区
神田東松下町10-5 翔和神田ビルⅡ
03-6260-8088　FAX 03-6260-8085
https://www.tnews.co.jp
info@tnews.co.jp（担当：生駒）

COMPANY PROFILE

● 設立　1950年9月20日　● 資本金　7,000万円
● 代表者　代表取締役社長　田村 壽孝
● 社員数　40 人　● クリエイター数　10人

● 会社PR　東京ニュースは想いとコミュニケーション
をデザインする会社です。

創業から70年以上、紙媒体の広告制作を中心にお客様
のコミュニケーションをサポートしてきました。デザイン
〜製版〜印刷における一連の工程を理解した熟練の
スタッフが、質の高いサービスをお届けできる体制が
整っています。

しかし、人々の嗜好や市場環境の多様化・複雑化によ
って、コミュニケーションの形が日々変化していく中で、私
たち東京ニュースも新しい方向へ歩んでいく時がきま
した。

長年にわたって製版・印刷・デザインに取り組んできた
私たちは、「お客様の伝えたい想いを、最適な方法で、
魅力的な形に仕上げて提供する」という本質的な価値
に立ち返り、「想いで世界をつなげる」をビジョンに掲
げて新たな一歩を踏み出しました。

これまで培ってきた技術や知見と、コミュニケーション
デザインやデータマーケティングを組み合わせて、お客
様の大切な想いを "伝える" コミュニケーションのサ
ポートに取り組んでいきます。

事業内容／祖業である新聞製版事業は、送稿件数トッ
プクラス。多数の案件で培った技術力や掲載までの
トータルプランニングを強みとしています。

デザイン事業では、新聞広告や印刷物はもちろん、
WEBバナーやSNS投稿用素材などのデジタル領域、
イラスト制作や撮影まで幅広く対応しています。

また、人気コンテンツを活用したグッズの企画・製造・
販売や、SNS運用プランニング、商品・サービスが社会
と手を取り合うためのPR戦略や、データに基づいたコ
ミュニケーション手法の提案など、新たな領域でも事業
展開しています。

01・CS friends vol.66／成田国際空港／
広報誌

02・CS friends vol.67／成田国際空港／
広報誌

03・NARITA PRIDE／成田国際空港／ロゴマーク

04・キンダーブックは、まもなく100周年／フレーベル館／新聞広告

05・壮大な物語はここから始まる ハリー・ポッターシリーズ／静山社／電車内中吊りポスター

06・あかちゃんがよろこぶしかけえほん本棚什器のご案内／ほるぷ出版／販促用動画

07・日本語複合動詞活用辞典／研究社／チラシ

08・新刊 基本文法から学ぶ英語リーディング教本 徹底反復練習／研究社／書店用パネル

09・インスタグラム投稿ビジュアル／岩崎書店／インスタグラム

10・日本の未来と産業を耕す「無機材料」を世界から／興和／新聞広告

11・東京堂出版 学校・公共図書館 必備図書目録／東京堂出版／パンフレット

01・02・成田空港で働くスタッフ向けの小冊子です。季節感を大事にしつつ、休憩室などで気軽に手に取っていただけるように堅苦しくなく、明るく楽しげな雰囲気を目指しました。03・成田空港で働くことへの誇りを持ち、再びお客様が回復するまで空港を支えていくという空港スタッフの想いを表したキャッチコピー「NRT PRIDE」のロゴを制作しました。飛行機と文字を組み合わせて、真っ直ぐに進む様子をイメージしています。04・キンダーブック100周年に向けての周知をねらい、児童書の楽しい雰囲気と歴史を感じさせるデザインを意識して制作しました。05・「ワーナー ブラザース スタジオツアー東京 ー メイキング・オブ・ハリー・ポッター」に合わせ西武池袋線のハリー・ポッターのラッピング電車に掲示された中吊り広告です。作品の世界観を意識しつつ書籍やロゴも目立たせ、お客様の目に留まるデザインを目指しました。06・書店様に什器設置の販促用ツールとして動画でPRすることを提案し、制作しました。07・書籍のイメージに沿った配色と、模様が重なり合っている背景で「複合動詞」を表現しております。08・イエローを基調としたポップな印象を演出し、興味を惹くデザインを意識しました。09・幅広い企画や投稿に合わせて様々なテイストを構成し親子で見て楽しんでいただけることを目指して、制作しました。10・グローバル感と日本の未来、産業の創造性をどう表現するかを熟考し、制作しました。11・図書館向けの目録ということで、図書館の本棚をビジュアルにして内容が分かりやすく制作しました。

グラフィック

映像

WEB

アプリ

パッケージ

その他

株式会社 トラック

OAC
会員

CONTACT ADDRESS

〒101-0051　東京都千代田区神田神保町
2-3-1 岩波書店アネックス 4F

03-6272-6635　FAX 03-5211-1505

https://www.track.co.jp

info@track.co.jp

COMPANY PROFILE

- 設立　1995年8月14日　● 資本金　1,400万円
- 売上高　2億9,400万円（2023年9月決算）
- 代表者　代表取締役　小泉 邦明
- 社員数　24人　● クリエイター数　23人

● 会社PR

あなたの要望をアレンジして気持ちのいいクリエイ
ティブを提供します。

創業以来、さまざまな企業や商品・サービスなどに
携わってきました。ジャンルにとらわれることなく、幅
広い広告やプロモーションを展開しています。通販
カタログ（アパレル・女性インナー・ジュエリー）、女
性インナーカタログ、化粧品カタログ、アパレルカタ
ログ、保険会社DM・パンフレットなどの経験は特に
豊富です。

もっと、心に届くデザインを。
ずっと、心に残るデザインを。
私たちのデザインを目にした人が、うれしいとか、楽
しいとか、ホッとするとか、温もりを感じてくれる、少
しだけ幸せな気持ちになれる。
そんなデザインを、つくり続けていくこと。そんなデ
ザインができる人を、いっぱいにしていくこと。
それが、私たちの理想とするクリエイティブ。
心に届くデザインと心に残るデザインを創作する人
を、TRACKならではのクオリティで、もっと、ずっと、
生み出して行きます。

01・日本生活協同組合連合会／カタログ

02・ファンケル 健康食品カタログ 2023年

03・三井住友カード／DM

04・金融財政事情研究会／お金と暮らしのトリ
セツ 2023年度版／検定テキスト

05・東京海上日動キャリアサービス／ポスター

06・ヨドバシカメラ／ザ・ポイントネットワーク
／カタログ

07・かんぽ生命／保険金融／冊子

08・都民共済／保険金融／WEBサイト

09・コスモスホテルマネジメント／WEBサイト

10・集英社／WEBサイト

11・レノボ・ジャパン／WEBサイト

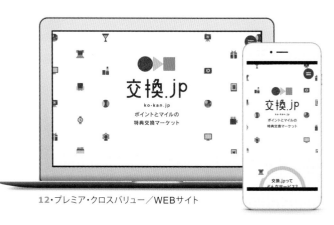

12・プレミア・クロスバリュー／WEBサイト

01・商品がより魅力的に見えるよう、ロケーションやポージングなどにもこだわったカタログ。　02・ブランドイメージを意識しながら、読みやすさにもこだわった商品カタログです。　03・新サービスへの切り替えを誘導するDM。インサイトに働きかけるメッセージ提案を意識。第36回全日本DM大賞特別賞受賞。　04・イラストやレイアウトによりテキストの読み進めやすさを意識して制作しています。　05・働くひとそれぞれの価値観に応える総合人材サービス企業のスローガンインナーポスター、多様な働き方に寄り添う姿勢をビジュアル化。　06・エンドユーザー視点の企画編集を行い、購買意欲を喚起。毎号、季節感とその時々の"旬"がわかる誌面作りを大切にしています。　07・利用促進に課題を抱えている企業の多いマイページ。「難しそう」を緩和する目的で絵本テイストの紹介冊子を制作。　08・若年層に向けた認知拡大を目的とし、ファッション通販会社と連携したプロモーションとしてTシャツ型のリーフを作成。受け先のLPもセットでご用意しました。　09・アパートメントホテルミマル公式WEBサイトのTop・Aboutページをデザイン。期待も不安も交錯する"フロント"という場所を起点に生まれるコミュニケーションを表現しました。　10・少年JUMPで連載される「ダンダダン」とオカルト雑誌「ムー」のコラボサイトを制作。オカルト感を意識しつつUFOが飛び回ったり妖怪が飛び出てきたりと見る人が楽しめるサイトを意識してデザインしました。　11・レノボのChromebookの特設サイトを制作。Chromebookを具体的なメリットシーンごとにシンプルかつスタイリッシュに表現しました。　12・ポイント交換サービスLPを制作。ポイント交換サービスを○▷□というシンプルな図形でマーク化し慣れ親しんだ造形により安定や信頼感を表現しました。

株式会社ノエ

CONTACT ADDRESS

📍 〒150-0033　東京都渋谷区猿楽町17-19-101
📞 03-5457-1370　📠 03-5539-3665
🌐 https://noe-inc.com
✉ info@noe-inc.com

COMPANY PROFILE

● **設立**　2017年11月22日 ● **資本金**　5,000,000円
● **代表者**　代表取締役　野坂 拓郎
● **社員数**　8人＋提携スタッフ
● **平均年齢**　30代半ば

● **会社PR**　様々なメディアを包括したクリエイティブ
ディレクション、編集&デザイン、プロモーション制作を提
供しています。

創業以来強みとしているのは、ファッション・ビューティ・
ライフスタイル分野。精緻なプランニング、時代性を踏ま
えた柔軟なデザイン・ディレクションで、企業や社会が抱
える課題や想いに応えていきます。

● **戦略立案**　トレンド解析やロジカルなプランニング
を基にした販売戦略、デジタル戦略の立案を得意とし
ています。

● **ブランディングメディア**　企業のオウンドやブランディ
ングメディアを多く手がけてきています。新たな提案・
共感で、企業とユーザーを強く結びつけます。

● **LIVE**　映像制作・OMO施策の一環として、企業のラ
イブコマースを専門的に支援しています。実績は大小
様々、350件以上。ぜひご相談ください。

この秋も、100年先も、ワクワクしていたい。

買い物も、買い方も、新しく。"IT'S NEW" WEEK　LUMINE　NEWoMan

01・LUMINE・NEWoMan／KV・WEB・Movie

KOKUYO (ME)

Life Accessories

あなたを今より、私らしく。

02・KOKUYO ME／コクヨ／KV

03・蔦屋家電PAPER／CCCデザイン／
Magazine

04・+maffs／モリタ宮田工業／VI・Graphic

05・KIKONAS／三井不動産商業マネジメント／WEB Media

01・ルミネ・ニュウマンの全館キャンペーン「"IT'S NEW" WEEK」02・ブランドコンセプトは「Life Accessories」。ローンチビジュアル、映像制作など。03・二子玉川 蔦屋家電のフリーマガジン。編集&デザイン。04・グッドデザイン賞受賞の消火器「+maffs」。ビジュアル、映像、WEB・EC構築など。05・WEB Magazine、オウンドメディアの企画・編集・デザイン。＊その他案件、実績詳細はお問合せください。

グラフィック

映像

WEB

アプリ

パッケージ

その他

有限会社
バウ広告事務所

OAC
会員

CONTACT ADDRESS

〒106-0032　東京都港区六本木3-16-35
イースト六本木ビル 4F
03-3568-6711　FAX 03-3568-6712
https://bau-ad.co.jp/
info@bau-ad.co.jp（担当：茂木）

COMPANY PROFILE

- 設立　1974年9月5日　● 資本金　1,100万円
- 代表者　代表取締役社長　村井 英憲
- 社員数　44人　● クリエイター数　34人

● 会社PR

私たちは「コミュニケーション パートナー」です。
バウ広告事務所は、単なる制作プロダクションでは
ありません。クライアントと共に悩み、議論し、前進
する「コミュニケーション パートナー」です。手がけて
いるのは、商品やサービス、企業や学校など、実に
さまざま。たくさんの人に知ってほしい。魅力を伝え
たい。好きになってほしい。そんなあらゆる課題に
対して、従来のやり方にとらわれない、文字通りゼロ
ベースからの発想で、あらゆる手段を企て、形にして
いきます。コンセプト開発、ネーミング、CI・VI、ロゴ
デザインなどブランディング戦略の企画立案から、
キービジュアル開発、パッケージデザイン、WEB
デザインなどの広告コミュニケーションに関わる制作
物、撮影やそれに付随するキャスティング、コーディ
ネート。ときにはプロダクトやサービスの企画開発、
空間設計・店舗デザインまで。必要ならば、与えら
れたミッション以上の提案も。すべてはお話を聞く
ところから。まずはお気軽にご相談ください。

01・本馬鈴薯ほんじゃが／カルビー／商品パッケージ

02・母乳パッド／ユニ・チャーム／商品パッケージ

03・積水ハウス　life knit design広告
／積水ハウス／新聞広告

04・文化学園大学　2024入学案内／文化学園大学／パンフレット

05・武蔵野栄養専門学校　2022学校案内
／学校法人後藤学園 武蔵野栄養専門学校／パンフレット

06・grirose／土屋鞄製造所／ブランドムービー

07・Think Heat／LIXIL／パンフレット＆WEBサイト

08・空想ジオラマ／オリエントコーポレーション／交通広告＆WEBサイト

09・niwaで過ごす庭曜日／東栄住宅／WEBサイト

01・その年の秋に収穫された北海道産じゃがいも「ぽろしり」だけを使用したじゃがいものおいしさを存分に味わえる厚切りポテトチップスです。Calbeeロゴを大きくレイアウトすることでカルビー様のこだわりと本格・王道感を表現しています。02・来店されたマタニティ・ママの方に親しみをもっていただけるよう、ピンクやベージュを基調とした有機的な模様や、赤ちゃんを抱っこするママのシンボルマークなど、温かみのあるシンプルで大人かわいいデザインに仕上げました。03・積水ハウス様の新しいデザイン思想「life knit design（ライフニットデザイン）」を世の中へ伝えるポスター・新聞・雑誌広告を制作しました。04・2024年度の入学者に向けた学校案内を制作。表紙のイラストは、文化学園大学の卒業生でコラージュアーティストとして活躍されているM!DOR!さんが担当。「新しい美と文化の創造」を掲げる文化学園大学様らしい入学案内が完成しました。05・プロの栄養士を育てる武蔵野栄養専門学校の2022年度学校案内を制作。学園の広報部や先生の想いを丁寧にヒアリングしながら、ページデザインや原稿編集、インタビュー取材を含む撮影ディレクションまで、クリエイティブ全般に携わりました。06・土屋鞄製造所のランドセルブランド「grirose」のブランドムービーを制作させていただきました。子どもたちが抱く、好きや憧れ。その気持ちを応援したいというブランドの想いや世界観を表現しました。07・気候変動に対する対策として重要な「緩和と適応」の認知を高め、行動につなげていただくためのプロジェクト「Think Heat」プロジェクト。LIXIL様の考えや取り組みをわかりやすく紐解き紹介するパンフレットとWEBサイトを制作しました。08・空想ジオラマは、オリエントコーポレーション様の社員の方々が2030年の未来の街を想像し、ジオラマ上に実現していく体験型ワークショップです。空想ジオラマを社内外に伝えるための交通広告とWEBサイトを制作しました。09・東栄住宅様のブランド「ブルーミングガーデン」の魅力のひとつである庭のある暮らし。庭の新たな楽しみ方の紹介をはじめ、庭にまつわる情報が集まる特設サイトの企画・コンテンツ制作を担当しました。

株式会社
博報堂プロダクツ

CONTACT ADDRESS

📍 〒135-8619　東京都江東区豊洲 5-6-15
　NBF豊洲ガーデンフロント
📞 03-5144-7200　FAX 03-5144-7217
🌐 https://www.h-products.co.jp/
✉ https://www.h-products.co.jp/contact/

COMPANY PROFILE

● 設立　2005年10月1日　● 資本金　1億円
● 代表者　代表取締役社長　岸 直彦
● 社員数　2,102人（2023年4月現在）
● クリエイター数　500人　● 平均年齢　38才

● 会社PR　博報堂プロダクツは、広告とプロモーション領域を網羅する事業領域で、それぞれのプロが、その専門性を駆使し、広告とプロモーションのあらゆる得意先課題を「こしらえる力」、「実施する力」で解決していく博報堂グループの総合制作事業会社です。

[業務内容]
トータル・プロモーション・プロデュースの実施／グラフィック広告の企画制作／テレビCMの企画制作／広告写真撮影・デジタル画像の企画制作／プレミアムグッズの企画・製作・販売及び輸出入／SPキャンペーンの企画制作・実施・運営／デジタル（WEB）メディアの企画制作・実施・運営／イベント企画制作・実施・運営／PR企画制作・実施・運営／各種メディア取扱／プロモーション映像企画制作／広告原稿データ製作送稿／印刷／広告システムの開発および運用サポート　など

[採用計画]
■ 新卒定期採用あり
■ 2023年卒　新卒採用　約100人予定
※採用情報については、当社採用ページをご覧ください。
https://www.h-products.co.jp/recruit2023/
[待遇例]　正社員（2022年4月実績）
初任給：25万円（※みなし残業代100,000円を含む）
賞与：年1回
勤務時間：9：30〜17：30（所定時間外勤務あり）
休日・休暇：週休2日制（土・日）、祝日、年末年始（12月29日〜1月3日）、年次有給休暇20日、フリーバカンス（年2回、連続5日間の休暇制度）、リフレッシュ休暇（勤続5年毎、連続5日間の休暇制度）他
福利厚生：保険／健康保険・厚生年金保険・雇用保険・労災保険、制度／在宅勤務・育児休業・介護休業・企業年金・退職金他、施設／診療所・軽井沢クラブ、保養所、スポーツ施設法人会員、その他各地に契約施設

01・Google Pixel 祭／Google／イベント・グラフィック制作

02・千阿無比恩頭杯／JRA 中京競馬場・名古屋競馬／グラフィック・動画・イベント制作

PLAYFUL
NEW
HEATTECH

03・UNIQLO HEATTECH CAMPAIGN／ユニクロ／PR

04・クレ・ド・ポー ボーテ（Clé de Peau Beauté）／資生堂／イベント・空間演出・プロジェクションマッピング

05・Asahi BEERY／アサヒビール／パッケージ

06・沖縄限定生プリン専門店「MAXI Pudding」／MAXI Pudding／ブランディング

01・Google Pixel 7a ローンチに合わせたポップアップイベントのキービジュアル制作及び什器含めたトータルクリエイティブディレクション。02・「チャンピオンズカップ（GI）」の交通広告や場内装飾、ノベルティー、告知動画までをトータルで制作、ディレクション。03・UNIQLO「見せる極暖」PRのキービジュアルの制作及びディレクション。04・クレ・ド・ポー ボーテ（Clé de Peau Beauté）のPOP UPイベントにおけるプロジェクションマッピングのシステム設計及びコンテンツ制作。05・Asahi　BEERY／アサヒビール／パッケージ 06・沖縄限定の生プリン専門店「MAXI Pudding」のブランディング、店舗、パッケージなどトータルでクリエイティブディレクション・制作。

株式会社
パズル

CONTACT ADDRESS

📍 〒150-0041　東京都渋谷区神南1-6-12 B1F
🌐 https://puzzle-inc.jp/
✉ information@puzzle-inc.jp

COMPANY PROFILE

● 設立　2006年7月3日　● 資本金　1,000万円
● 代表者　代表取締役　岡田 行正
● 社員数　33人
● 平均年齢　28才

● **会社PR**　パズルは、WEB、映像、グラフィック、イベントなど、媒体にとらわれないものづくりを行うプロダクションです。クリエイティブ力を強みにものづくりの最初から最後までを担い「完成形のない会社」として時代と共に変化し続けます。
プロデューサー、ディレクター、アート・ディレクター、プロダクション・マネージャー、デザイナー、エンジニアで構成されており、プロモーションの内容に応じて領域を横断した制作を行うことを得意としています。

● **業務内容**　WEB・映像・グラフィック・イベント他、広告の企画・制作・運営全般

● **採用計画**
○新卒採用　プロダクション・マネージャー／デザイナー／エンジニア　若干名
○経験者採用　随時 プロデューサー／プロダクション・マネージャー／アート・ディレクター／テクニカル・ディレクター／エンジニア

採用情報について、詳しくは弊社WEBサイトをご確認ください。
https://puzzle-inc.jp/

01・声から選ぶスマホ店／NTTドコモ／映像・WEB

02・東京都デジタルツイン実現プロジェクト／東京都 デジタルサービス局／WEB

03・ファンドラップは、やっぱり大和証券。／大和証券／WEB

04・さあ、"はたらく"のフィールドへ。／リコー／映像・WEB・その他

05・アニメのすべてがここで交わる／
Netflix／映像

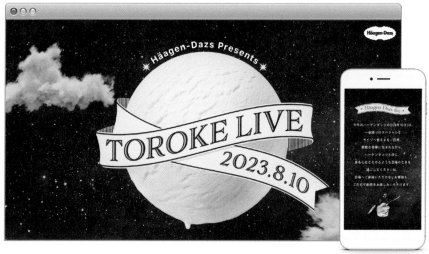

06・ハーゲンダッツ「とろけライブ」／ハーゲンダッツジャパン／WEB・その他

07・AI BURGER GENERATOR／
日本マクドナルド／WEB

08・POLA おとなのための絵本／ポーラ／WEB

09・ザ★®シュウマイ＆海老肉焼売プロモーション／味の素冷凍食品／グラフィック・映像・WEB

01・"あたらしい、あなたらしいスマホ選択へ。"をコンセプトに、デザインやスペックだけでない新たなスマホ選びを体験できるWEBサイト。02・東京都によるデジタルツインの社会実装を加速させるための情報発信サイト。03・投資に対するお客様のインサイトに応える広告連動WEBサイト。04・創業100周年ビジョン「"はたらく"に歓びを」のもと、新社会人へ向けた新聞広告、SNS、WEBサイト連動施策。05・世界最大規模の総合アニメーションイベント「AnimeJapan2023」で放映したコンセプトムービー。06・8月10日「ハーゲンダッツの日」記念の音楽ライブイベントで、会場と連動した仕掛けにより一体で楽しめるオンライン視聴者向けのWEBサイト。07・近未来的な世界観で、好きな食材や料理からAI技術によって世界にひとつだけのバーガー画像が生成できるコンテンツ。08・「モノの見方をすこし変えるだけで、人生は、世界は、可能性で満ちあふれている」というメッセージを込めたデジタル絵本。09・二種類の商品をOOHや新聞広告など様々な媒体で同時展開したプロモーション。

株式会社
広瀬企画

OAC
会員

CONTACT ADDRESS

📍 [本社] 〒460-0027 愛知県名古屋市中区
新栄2-1-9 雲竜フレックスビル西館15F
[東京] 〒105-0004 東京都港区新橋5-22-3
ル・グラシエルBldg.3 5F
📞 052-265-7860 📠 052-265-7861
🌐 https://www.hirose-kikaku.co.jp/
✉ info@hirose-kikaku.co.jp

COMPANY PROFILE

● 設立 2009年4月16日 ● 資本金 300万円
● 代表者 代表取締役社長 広瀬 達也
● スタッフ数 16人 ● クリエイター数 16人
● 平均年齢 30才

ことば
デザイン
企画力

企業や地域をヒーローに！

● 会社PR 企業や地域のブランディング、販売促進プロモーション、集客や人材募集、さらには顧客との関係強化など、これまで多様なニーズを持つ案件の企画・制作をしてきました。課題解決と目的達成のための企画・制作を前提とし、エンドユーザーの目線に立ったコミュニケーションをトータルで企画。広告物の制作をはじめ、広告物の効果を最大限に引き上げる使い方、SNSを活用したPRの方法をご提案いたします。ことば・デザイン・企画力で、企業や地域をヒーローに。お客様とともに喜べる会社でありたいと考えています。
Planning／企画・取材・ライティング・デザインを一貫して受けられる広告企画制作会社です。コンセプトメイクからプロモーション、ツール企画編集、ロゴ・ネーミングまで筋の通った企画をご提案します。
WEB／自社メディア・HIROBA!で培ったノウハウを生かし、数多くのWEBサイト及びオウンドメディアの制作・運営に携わってきました。また、近年需要が高まるSNS、SEOコンテンツ、メールマガジンの運用においてもご好評をいただいております。
Print／情報誌、広報誌、社内報といったコミュニケーションツールから、ポスター、カタログ、パンフレット、DM、チラシなどの販促物まで。ターゲットに刺さるデザインとコピーライティングで、モノやコトの魅力を最大限に伝えます。

企業や地域をヒーローにする
企画制作集団

① 得意な仕事分野
② 仕事のモットー

■ 代表・広瀬 「MBA×創造力による成長の伴走者」
① 人が動きたくなるウリを作り効果的に届ける
② 現実的なプラン、目を引くクリエイティブ、着実な実行で目指した効果を実現する

■ 広瀬良子
「東海エリアの魅力発掘エディター」
① 魅力が最大限伝わるよう編集すること
② その言葉が本当に適しているか、ビジュアルが心を捉えるか。愛と情熱を注ぐ

■ 林
「まだまだお腹がゆるいデザイナー」
① 硬いデザインから柔らかいデザインまで
② とりあえずやってみる。またお願いしたいと言われるデザイナーを目指します

■ 永田
「サイクリング好きデザイナー」
① ワンビジュアルものが好きです！
② 仕事も全力で楽しみたい！それが良い仕事につながる！

■ 河合
「理論と感覚を駆使するコピーライター」
① 小学生〜80代、業界問わず取材経験2,000件
② できるできないではなく"どうやるか"
好き嫌いではなく"意味があるか"

■ 西村
「東京オフィスの明るい窓口」
① ジャンルレスで分析・企画・制作
② 新たな知識と創意工夫で、最善の課題解決を目指します

■ 大久保
「睡眠の質を求めるコピーライター」
① 想像力や分析力が求められる仕事
② 面白さを見出して、モチベーションアップにつなげる。他人の考えや未知を楽しむようにする

■ 堀
「コーヒーが飲みたいデザイナー」
① かっちり数字で作るデザイン
② 一定のクオリティを保ちながら決められた期限内に完成させる

■ 安藤
「ギャルマインド満点ライター」
① 時間内に相手の話を聞き出すインタビュー
② 「誰が読むか」「なにが目的なのか」を徹底。口癖は「記者ハン読んでる？」

■ 鳥居
「心配症デザイナー」
① ゆるっと可愛いグラフィックデザイン
② 慎んで静かに堅実に。切羽詰まっても優しさを忘れない

■ 武富
「インテリア好きライター」
① 食、住、広告の分野が好きです
② なんでも試してみること、発見を探すことを大事にしています

01・東海エリアの魅力発掘ウェブマガジン「HIROBA!」／
自社運営WEBメディア

02・GIFUクラフトフェア／森ビル都市企画／プロモーション一式（サイト・会場装飾ツールなど）

03・SDGsを切り口に社会課題や企業の取り組みを学べる
書籍シリーズ『未来の授業』／宣伝会議／書籍

04・SDGs×障害福祉／社会福祉法人いぶき福祉会／
冊子

05・ぺぺとはなそう だいじなおはなし／名古屋市／
絵本冊子

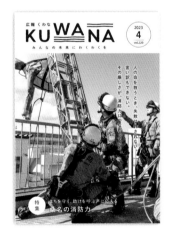

06・広報くわな／桑名市／広報誌

07・とぴあ／富田浜病院グループ／広報誌

08・たけとよ日和／武豊町／公式インスタグラム

01・広瀬企画スタッフで運営しているウェブメディア。宝探しにも似たワクワクした気持ちで東海エリア（愛知・岐阜・三重）の魅力的なヒト・モノ・コトを紹介しています。02・180以上の作家が集まるGIFUクラフトフェア。垂れ幕からポスター、WEBサイトまで、20を超えるツールを制作。03・学校教材としても活用されている書籍シリーズ。身近な社会課題や活動事例を紹介し、ライフキャリアやパートナーシップなどのテーマを通じて読者の自発的な探究活動を促す。04・障害福祉という観点からSDGsについて考え、行動するきっかけになるパンフレットを岐阜県の社会福祉法人いぶき福祉会とともに制作。05・DV被害を受けた子どもに対して、皆が平等にもっている権利や大人が寄り添い守っていくことを伝えるための冊子。デザインは子ども向けに絵本調で温かみのあるテイストに。06・三重県桑名市の広報誌を、企画からデザイン、取材・原稿作成（一部）まで担当。「みんなの未来にわくわくを」をテーマに、桑名で暮らすことにポジティブなイメージを持てるデザイン・企画を立ち上げた。07・院外向け（患者・家族）と、院内向け（グループスタッフ）のコミュニケーション活性化を目的とした広報誌。創刊企画・コンテンツ企画・制作を担当。08・町民編集員の募集、職員・町民編集員向けSNS・取材撮影講座、インスタグラム開設、記事作成、編集員との同行講座、編集員作成記事の確認・調整などを実施。

フェロールーム
株式会社

OAC
会員

CONTACT ADDRESS

〒160-0004　東京都新宿区四谷3-12
フロンティア四谷4F

03-3355-7110　FAX 03-3355-7112

https://www.fellowroom.co.jp

info@fellowroom.co.jp（担当：茅野）

COMPANY PROFILE

● 設立　1960年7月　● 資本金　2,200万円
● 売上高　15.6億円（2022年8月期）
● 代表者　代表取締役社長　太田 哲史
● 社員数　73人　● クリエイター数　60人（営業12
人含む）　● 平均年齢　37.0才

● 会社PR　フェロールーム株式会社は1960年に創
業し、独自の歴史を歩んできた広告制作会社です。
60年に及ぶクライアント様とのダイレクトな関係の
中で活動範囲を広げ、広告制作にとどまらない「ブラ
ンドのストーリーテリング」を担ってきました。時代の
要請に応える「広さ」と、時代に流されない「深さ」を
同時に追求しています。

ビジュアルコミュニケーション／半世紀を超える歴
史を持つカタログ制作を通じ、商品の世界観を魅力
的に描き「商品をして語らしむる」ことを目指したハ
イクオリティなビジュアルコミュニケーションを磨き
続けています。

ブランドジャーナリズム／フェロールームの原点は、
60年前から今も続くPR誌。その精神は衰えるどころ
か、SNSが普及し「広告が効かない」とされる現代で
はより重要になってきています。「編集者」ではなく自
ら文章も執筆する「編集ライター」が、確かな取材力・
編集力でお客様との新たなコミュニケーションを生
み出します。

実写から3D-CGまで多彩な動画制作／長年のカタ
ログ制作で磨かれた「商品のストーリー」を語る能力
は、動画において輝きをさらに増しています。ハイク
オリティなプロモーションムービーから、手軽な動画
に至るまで、幅広いご要望に対応できます。特に、
3D-CGを用いたハイクオリティな動画は高い評価
をいただいています。

WEB・デジタルソリューション／専任のWEB制作
スタッフが、どの商品を誰に、どう魅力的に伝えるの
かという戦略的な面からサポートし、3D-CGを用い
たコンフィグレーターシステムは、独自のノウハウに
よってハイクオリティかつ高速処理のビジュアライズ
を可能にしています。

01・CROSSTREK／SUBARU／ポスター

02・CROSSTREK／SUBARU／カタログ

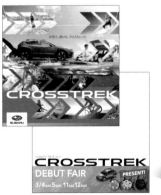

03・CROSSTREK／SUBARU／DM

04・IMPREZA／SUBARU／店頭POP

05・CROSSTREK／SUBARU／ムービー

06・LEVORG LAYBACK／SUBARU／ムービー

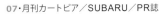

07・月刊カートピア／SUBARU／PR誌　　08・WEBカートピア／SUBARU／WEB　　09・販売会社採用／SUBARU／ムービー

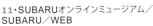

10・カーコーディネーター／
SUBARU／アプリ・WEB

11・SUBARUオンラインミュージアム／
SUBARU／WEB

01〜04・商品の持つ本当の魅力は何か、長い時間をかけ探求し、開発者とのキャッチボールを繰り返しながらストーリーを磨き込んでいくのがカタログです。フェロールームはこの仕事に、大きなやり甲斐とプライドを感じています。またSPツールでは、商品の世界観を伝えるビジュアルを卓越したグラフィックパワーで表現しています。05〜06・高い走りの性能と、乗る人の高揚感を表現したプロモーションムービー。07〜08・60年近くにわたって、車のある豊かなカーライフを提案し続ける、フェロールームの原点とも言えるPR誌。WEB版も制作。09・SUBARU販売会社グループの採用活動のための紹介ムービー。商品から販売現場まで、幅広く取り扱っているのもフェロールームの強みです。10・3D-CGを活用し、欲しいカラーやグレードを簡単に、そして瞬時にシミュレートできます。11・WEB上の博物館というコンセプトのもと、歴代の車両や歴史を紹介。長年にわたってカタログ制作を行い、商品を深く知るフェロールームだからこそ企画できるコンテンツです。

株式会社
プロモーションズライト

CONTACT ADDRESS

📍 〒104-0061　東京都中央区銀座3-7-6
　　CIRCLES銀座 8階

📞 03-5579-5710　📠 03-5579-5711

🌐 https://www.promotionslight.co.jp

✉ t-hayami@lightpublicity.co.jp（担当：早見）

COMPANY PROFILE

● **設立**　2005年4月　● **資本金**　1,000万円
● **売上高**　5億5,020万円（2023年 3月決算）
● **代表者**　代表取締役社長　松永 忠浩
● **社員数**　19人　● **クリエイター数**　10人
● **平均年齢**　37才

PROMOTIONSLIGHT

● **会社PR**　2005年、ライトパブリシティのDNAを
受け継いで設立しました。パッケージデザイン、PR
誌制作、カタログ・パンフレット制作、セールスプロ
モーションの企画立案・ツール開発を軸にして、「プロ
モーションデザイン」という視点のもと、すべてに
おいて一貫して良質なクリエイティブを行うことに
主眼を置いた広告制作会社です。

01・meiji milk chocolate／明治／VI、パッケージ

02・明治プロビオヨーグルト LG21／明治／VI、パッケージ

03・ウスターソース、中濃ソース、とんかつソース／ブルドックソース／VI、パッケージ

04・meiji THE chocolate／明治／VI、パッケージ

05・フルーティス／Mizkan／VI、パッケージ、イラストレーション

06・ミルクとけだす珈琲バッグ／三井農林／VI、パッケージ、イラストレーション

07・MY HOME GALLERY／三菱地所ホーム／VI、WEBサイト

08・こがでくらすと／古河市／VI、シティプロモーション

マルキンアド
株式会社

OAC
会員

CONTACT ADDRESS

〒370-2341　群馬県富岡市下黒岩289

0274-60-1311　FAX 0274-63-5495

https://www.marukin-ad.co.jp

info@marukin-ad.co.jp（担当：大谷）

COMPANY PROFILE

- **設立**　1996年12月8日　●**資本金**　1,000万円
- **代表者**　代表取締役社長　関　智宏
- **社員数**　23人　●**クリエイター数**　22人
- **平均年齢**　35.8才

●**会社PR**　マルキンアドのデザインは、グラフィック、WEBなど、ビジュアルとしてのデザインにとどまりません。セールスプロモーションその他の分野における問題解決や環境改善など、実行できることのすべてをデザインの対象として捉え、社会へ貢献してきました。そして、さらに洗練されたサービスを提供するため、全社員が常に心に掲げ、あらゆる判断の基準とする理念を制定しました。それが、「まるをつくる」です。この言葉のもと、お客様やステークホルダーのためにどうすれば「まる」をつくれるか、どうすればつくったものが「まる」となって伝播していけるのか、みんなで、そして一人ひとりで常に考え、研鑽を重ねています。これからも、つくるに感謝し、つくるで感動を呼び、つくるが笑顔を生むマルキンアドに、どうぞご期待ください。

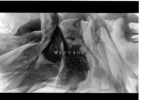

01・富岡シルク／富岡シルク推進機構／WEBサイト、イメージ動画

02・関東防災工業／関東防災工業／コーポレートWEBサイト、リクルートWEBサイト

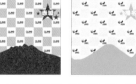

03・gespo★パーティー2022／上毛新聞TR／イベントロゴマーク、イベントキービジュアル、チラシ、フラッグ、WEBサイト ほか

01・「富岡シルク」の上質さと魅力を伝えるために、「蚕の成長から製品が生まれるまで」を追ったストーリーを基にデザイン。蚕の営み、歴史ある製糸技術、絹産業に関わる方々の蚕に対する愛情が感じられるよう心がけました。イメージ動画では、静けさの中で聞こえてくる微かな音を拾い上げることで、現場の空気感をよりリアルに伝え、艶やかで美しい製品が生まれる背景を映像で表現しています。02・新卒採用活動にさらに力を入れていきたいとのご要望があったため、企業の想いや魅力を十分に伝えるために、コーポレートWEBサイトとリクルートWEBサイトの双方から情報を発信することを提案しました。リクルートサイトは、ヒアリングの際に浮かび上がった「ヒーロー」というコンセプトを元に設計しました。03・イベントロゴやキービジュアルは、gespoで使用されている「g」をモチーフにしたキャラクターの世界観を大切にしながら、eスポーツパーティーらしい楽しさや期待感を感じさせるようにデザイン。キービジュアルをはじめとしたすべてのツールは、今後回を重ねていくであろう当イベントのブランド構築を意識してデザインしました。

株式会社
むすび

CONTACT ADDRESS

📍 〒151-0051　東京都渋谷区千駄ヶ谷3-38-14
　スタンション北参道4F

📞 03-6734-9237

🌐 https://musubi.studio

✉ hello@musubi.studio

COMPANY PROFILE

● **設立**　2018年8月29日　● **資本金**　900万円

● **代表者**　取締役社長　大輪 恭平

● **社員数**　12 人　● **クリエイター数**　8人

● **平均年齢**　36才

● **会社PR**　おもしろいものをつくりたい。
だからこそ、人を何より大事にしたい。
そんなことを口に出すうちに、
いつしか仲間が集まって、
MUSUBIという場所ができました。
困っている声が聞こえたら、
その人のもとに駆けつけて、
一緒に解決策を考える。
立場や肩書きに捉われずに、
人を信じ、人付き合いを楽しんで、
思いやりと愛情を忘れない。
そうやって、MUSUBIのクリエイティブで、
みんなにWAO!と思わせたい。
驚きや喜びの輪を広げ、人をつなぐ。
そんなチームを目指しています。
今はまだ見知らぬアナタとも、
いつかご縁が巡ってきますように。

● **アワード受賞歴**

・MUSE CREATIVE AWARDS（Usa）/
　PLATINUM WINNER

・German Design Award 2021（German）/
　Special Mention

・K-DESIGN AWARD 2020（Korea）/ WINNER

・PENTAWARD（London）/BRONZE AWARD など

01・クインビーガーデン/新宿バスタクリスマスポスター（graphic）

02・篠原紙工/PAPELITH_紙でできたインテリア（graphic）

03・ホテル椿山荘／レトルトカレー／パッケージデザイン（graphic）

04・myroink／アイライン／パッケージデザイン（graphic）

05・ハトムギ化粧水／TVCM（movie）

06・日本ロレアル／プロモーション動画（movie）

07・初代タイガーマスクネットワーク／
7代目タイガーマスクプロジェクト（WEB）

08・日立ソリューションズ／
いまやる、デジタル（WEB）

09・momwell／
産後のママさん向けスープ（WEB）

グラフィック

映像

WEB

アプリ

パッケージ

その他

株式会社
モスデザイン研究所

OAC
会員

CONTACT ADDRESS

〒107-0052 東京都港区赤坂5-4-8
荒島ビル2階

03-3585-0329 FAX 03-3505-2147

https://www.mosdesign.co.jp/

COMPANY PROFILE

● 設立 2000年12月7日 ● 資本金 4,500万円
● 売上高 1億1,000万円(2023年5月決算)
● 代表者 代表取締役社長 安達 健治
● 社員数 9人 ● クリエイター数 9人
● 平均年齢 37才

01・ニッポンクラフトさえみどり・ニッポンクラフトおくてみどり・ニッポンクラフトゆたかみどり／伊藤園／缶入り緑茶飲料／パッケージ

● 会社PR 1965年のモス・アドバタイジングの創業から50年以上の歴史をもつ制作会社です。『デザインで コトバで つなぐ』をコンセプトに、グラフィックデザイン全般に携わっています。デザイナーとライターが在籍しているため、パッケージデザイン、SPツール、ライティング、エディトリアルデザインなど幅広く対応し、特に食品・飲料系を得意としています。カメラマンや印刷所、コーディング代行会社など外部スタッフとも連携が取れているため、本や冊子、WEB制作も企画から納品まで一括管理にて制作いたします。

● 業務内容 新聞・雑誌広告の企画制作／ポスター、カタログ、カレンダーの企画制作／パッケージ、ラベル等のデザイン・制作／PR誌、各種出版物の企画制作

● 主要取引先 キッコーマン株式会社／東京新聞・中日新聞／株式会社すかいらーく／株式会社シード／株式会社伊藤園／湧永製薬株式会社／ヒゲタ醤油株式会社 ほか

02・ジョナサン グランドメニュー
／すかいらーく／メニュー

03・キッコーマン 夏ギフト2023／
キッコーマン食品／セールスエイド

04・ヒゲタ醤油WEBサイト／ヒゲタ醤油／WEBデザイン

05・ソラリス リビス メトッド・トラディッショネル ブリュット・ナチュール 2019／マンズワイン／ラベル

06・萩・石見旅企画／中日新聞社／東京新聞企画広告

07・三菱製紙 点字カレンダー 2024／三菱製紙／カレンダー

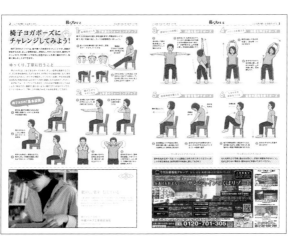

08・暮らすめいと／東京新聞／生活情報紙

09・谷田洋史カレンダー2024／アルゴグラフィックス／カレンダー

01・日本の産地と単一品種の茶葉のみを使用というこだわりのある「ニッポンクラフト」シリーズとして日本らしさやクラフト感、またシリーズ感を感じさせるデザインとしました。02・メインターゲットである幅広い年代の女性に響くよう、カジュアルかつ上品なデザインを意識したメニューデザイン。03・家庭用調味料のシーズンギフト用商品カタログ。俯瞰のシズルカットと背景の抽象的な波紋を活かしたデザイン。04・コーポレートサイトのリニューアルを担当。デザイン性と機能性を兼ね備えたデザイン。05・ワイナリーの周年記念に発売されたスパークリングワインラベル。品格と華やかさを感じさせるデザイン。06・萩・石見エリアの旬のスポットを紹介する企画。旅への気持ちが高まるような明るく親しみやすいデザインに。07・世界各国の家庭料理を身近な食材で作れるレシピを紹介。デザインにも各国を想起させるあしらいをほどこし、旅行しているかのような楽しいデザインに。08・「より良い人生のパートナー」として、日々の暮らしに役立つ情報を毎月発信。読者の声に耳を傾けた編集、目に優しいレイアウトに。09・松本紀生氏、井上浩輝氏、故星野道夫氏など、国内外で活躍する自然写真家を毎年起用する企業カレンダー。

グラフィック

映像

WEB

アプリ

パッケージ

その他

株式会社
ライトアップ

CONTACT ADDRESS

📍〒211-0025　神奈川県川崎市中原区木月3-39-5
📞044-982-0289
🌐http://www.rightup-inc.co.jp
✉hello@rightup-inc.co.jp（担当：小林）

COMPANY PROFILE

● **設立**　2010年4月15日　● **資本金**　300万円
● **代表者**　代表取締役社長　小林 進也
● **社員数**　10人　● **クリエイター数**　9人
● **平均年齢**　36.2才

● **会社PR**　2010年にスタートして以来、少数精鋭の映像プロダクションとしてアウトドアやスポーツのシーンを始め、幅広いクリエイティブを手掛けてきました。僕らの強みは、大きく2つです。1つは、メンバーの多くがもともとアスリートだったこと。現在は映像を軸にした表現者ですが、かつては元プロスノーボーダーやスケーターなど、競技者としてやり抜いた経験があり、そこで培った機動力は、時にエクストリームスポーツの現場で役立ち、アスリートとの共通言語が多いこともアドバンテージとなっています。そして、2つ目は映像表現において、僕らはユーティリティプレイヤーの集団であることです。メンバーひとりひとりが、演出、撮影、編集のスキルを持ち、案件ごとに役割が変わります。演出をやっていたメンバーが、明日は撮影をこなし、別の日には編集に専念します。メンバーの個性と、案件との相性に応じて理想的なチーム作りをできることが僕らの最大の強みです。それぞれの個性を最大限に活かしながら、フレキシブルに体制を組めます。これはアウトプットが多様化する今の広告業界において重宝されています。たとえば、イメージ映像を撮影する傍らでYouTube番組を収録し、隙間でSNSのライブ配信を実施。そんなフレキシビリティが、今日の広告業界では求められているように思います。またここ数年は、企業の方と直接やりとりさせていただく機会が増え、仕事の半数ほどを占めるようになりました。「映像は初めて」というクライアントも少なくなく、担当者の声に寄り添うことが僕らの役目だと感じています。創業から15年目、少数精鋭でやってきたからこそ、今の時代にあったクライアントとの距離感や、新しい制作体制のあり方などを模索できているのだと感じています。

フィールドでの機動力を持ち味に
スポーツやアウトドア案件を手掛ける

在籍するメンバーの多くは、かつて競技者として活動している時代からカメラを片手に映像表現との二足の草鞋を履いています。エクストリームスポーツの現場において、アスリートと同じ目線に立てる撮影者は重宝されます。現場によっては、競技者にカメラ機材を持たせることも珍しくないのです。そうしたバックボーンを持つ元アスリートのディレクターやカメラマンが在籍する弊社では、スポーツやアウトドアの撮影時に高い機動力を発揮します。演出する上でも、撮影で帯同する上でも、アスリートとの共通言語を多く持つことはアドバンテージとなっています。

また、そうした特殊なフィールドで培われたスキルやセンスが、ライフスタイルやファッションなどのシーンでも評価いただき、年々、案件の幅が広がってきています。

そして、我々は畑違いであっても何かをやり抜いた経験をお持ちの新しい仲間を探しています。

01・SO TOKYO／TOKYO MX／氏家物産／official WEB,SNS

02・The North Face - Summit Series
IsThereAny Reason／ゴールドウイン／
世界株式会社／official WEB,SNS

03・MUJI WALKER 日常と、運動をつなぐ服／
良品計画／世界株式会社／official WEB,SNS

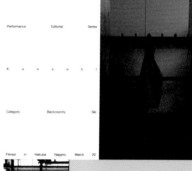

04・URAWA REDS　2023 GAME KIT／浦和レッドダイヤモンズ／official WEB,SNS

05・Goldwin　KONSEKI／ゴールドウイン／
official SNS

06・UNIQLO and White Mountaineering 2023FW／ユニクロ／official WEB,SNS

07・Taxi Ad／NOT A HOTEL／official SNS,Taxi Signage

01・映像ディレクション及び撮影、編集を担当。TV曲がSNSを主軸にしたプロモーション案件としており企画段階から脚本やシナリオに関わる。**02**・クリエイティブにCEKAIさんとご一緒し、撮影編集を担当。全国のVIDEOGRAPHERが残したFOOTAGEと当社で撮影した膨大な量の素材を活用しブランドコンセプトの打ち出しにご協力をした。**03**・CEKAIさんとご一緒し、撮影編集を担当。**04**・制作/撮影/編集を担当。選手の撮影拘束時間の短い中で効率的な照明効果の設置や場面転換に挑戦した。**05**・企画/撮影編集を担当。数本の映像をSNSで展開。活動家の行動の後に残る情緒を感じる表現に挑戦。**06**・映像撮影ディレクション、編集を担当。**07**・制作/撮影/編集を担当。撮り溜めた素材も活用し他のタクシー広告との差別化を編集で挑戦した。

Creators' index

現在、活躍中のクリエイターをご紹介いたします。多様なクリエイターの実績とプロフィールがわかる「クリエイターズ・インデックス」。ぜひご活用ください。

Art director

三村 友香
Yuka Mimura
Art director

📞 03-3547-3781 (代表)
✉ yuka_mimura@taki.co.jp
🌐 https://www.taki.co.jp/

2012年より(株)たき工房(現たきコーポレーション)所属。近年は直クライアントの案件を多く担当。ストーリー性の高いコンセプトの立案が得意。印刷、WEB、SNS、パッケージ、動画など、様々な媒体の制作経験を生かし、目的に応じて柔軟な提案が可能。銭湯と温泉が好きで、お風呂に関する資格も多く所有。自身の結婚式をセルフプロデュースした作品で、日本タイポグラフィ年鑑2023にてグラフィック部門ベストワークを受賞。

※株式会社たきコーポレーションについては50ページをご覧ください。

銭湯好きな夫婦のための結婚式

作品紹介
『I LOVE 湯』という、長谷川夫婦が営む架空の銭湯へご招待。てぬぐいに印刷された招待状を持ってゲストが"入浴"しにやってきます。暖簾をくぐり『いい湯だな(ザ・ドリフターズ)』の曲に合わせて新郎新婦が入場。石鹸でできたリングピローで指輪の交換をして夫婦の誓いを立てます。ペンキ絵の富士山を背景に浴槽に浸かり、温かい時間を過ごしました。

Designer

唐鎌 大也
Daiya Karakama
Designer

📞 03-3547-3781 (代表)
✉ daiya_karakama@taki.co.jp
🌐 https://www.taki.co.jp/

2018年多摩美術大学グラフィックデザイン学科卒業。同年(株)たき工房(現たきコーポレーション)に入社。平面的なビジュアル構築を得意とし、グラフィック、WEB、ロゴ、CI/VI、ブランディング、パッケージなど幅広い領域での仕事に携わる。ここ数年、銭湯にハマる。

※株式会社たきコーポレーションについては50ページをご覧ください。

01・世界陸上2023 ブダペスト メインビジュアル／TBSテレビ／ポスター・バナーほか

02・NAR 2023 ブランドビジュアル／地方競馬全国協会／ポスター・バナーほか

03・HORA ANA table／JR 東日本クロスステーション デベロップメントカンパニー／ロゴ・サイン

作品紹介
01・世界陸上2023 ブダペストのメインビジュアルを制作。タイポグラフィを壁のように大胆に構成し、選手が超える壁の険しさを表現。ポスターでは大会終了後東京大会へバトンがつながる演出に。02・NAR地方競馬の2023ブランドビジュアルを制作。ポスターの上に競馬場の砂を撒き撮影。地方競馬の特徴のダート競馬を表現。03・エキュートエディション新橋のエリアロゴのアートディレクションとデザインを担当。高架下の入口と出口を表現したロゴデザイン。この場所を利用した方の「気持ちが切り替わる(スイッチする)場所」への思いを込めました。

Art director

高倉健太

kenta takakura

Art Director

📞 03-6804-9392
📠 03-6804-9344
✉ info@glyphinc.co.jp
🌐 www.glyphinc.co.jp
SNS instagram@glyphinc.co.jp

1982年生まれ。多摩美術大学　生産デザイン学科テキスタイルデザイン専攻卒業。デザイン事務所勤務後、2017年に株式会社GLYPH設立。グラフィックデザインを基軸に、ブランディング、広告、パッケージ、エディトリアルなどジャンルを問わずビジュアルに関連する全ての領域の企画立案からディレクション、デザインを手がける。特に撮影ディレクション、イラストディレクションを得意とし、アーティストのグッズ制作なども多く手がける。「よりポップに、よりスタイリッシュに」をテーマに遊び心、ユーモア、ワクワク感を大切にインパクトのあるビジュアルを心がけている。また、自主制作作品をメインとした"vivids"も活動中。イラストや3Dプリンターを使用した作品を制作。

01・DREAM CATCHER 4 -ドリカムディスコ MIX CD - DJ Mass MAD Izm* feat. DREAMS COME TRUE／ユニバーサル ミュージック／CD

02・郷ひろみ　カレンダー　2023／Go's Club／カレンダー

作品紹介
01・ドリカムの数ある名曲たちをそれぞれのテーマごとに選曲し、全6公演で披露されたMIXプレイリスト。02・アーティスト郷ひろみのカレンダー。「旅」をテーマに各月を撮影している。

Art director

成宮 成

dig- jo narumiya

アートディレクター・
デザイナー

📞 03-5790-7523
📠 03-5790-7524
✉ info@dig.co.jp
🌐 https://www.dig.co.jp

株式会社dig所属。1978年生まれ。桑沢デザイン研究所卒業後、雑誌や書籍、企業のロゴ、コーポレートツール、パンフレット、ポスターなど幅広くデザインを行っています。エディトリアル的な視点とブランディング的な視点の両方の視点からプロジェクトの本質を見極め、最適なアプローチを考えながら日々デザインしています。

※株式会社digについては54ページをご覧ください。

01・アリババグローバルB2Bサービス／アリババ／パンフレット

02・目白大学学校案内／目白大学／パンフレット

作品紹介
01・世界最大規模に成長を続けるアリババが提供する「アリババグローバルB2Bサービス」の案内パンフレットを制作。弊社が手がけたWEBサイトに合わせリニューアルを行い、統一感あるブランドイメージを訴求した。02・目白大学への入学を志望する受験生向け大学案内2024年度版の企画編集・デザインを担当。

OAC
50th
anniversary

相談される
広告制作会社で
あるために

公益社団法人日本広告制作協会（OAC）は
クライアント企業の皆さまに信頼されるパートナーとして
デジタルスキルをはじめとしたデザイン・クリエイティブの価値を高める機能の進化と
研鑽し続ける制作会社が集結した団体です。
私たちのネットワークと知識を活かし、全力で支援と貢献をお約束します。
2024年には、ブランディングなどデザイン・クリエイティブの活用を初めてお考えの企業さまが
どんな会社に、どのように依頼すれば良いか？など、
気軽に相談が出来るコンサルティング機能を開設いたします。
ぜひご活用ください。　www.oac.or.jp

公益社団法人
日本広告制作協会

豊かな社会を実現するための
デザイン力を基礎からはぐくむ。

観察力、表現力、造形力を養う「感性演習」と、デザイン制作に欠かせない「スキル」を軸とした学びにより、基礎からデザインを学ぶことが可能です。日常にある問題を可視化し、豊かな暮らしへと導くデザインの発想を重視した学びで、これからの社会の多様なニーズに適応できる人材の育成をめざしています。

視覚デザイン専攻
視覚伝達デザインコース
視覚情報デザインコース

工業デザイン専攻
工業ものづくりデザインコース
空間演出デザインコース

※2024年4月より、デザイン学部デザイン学科[視覚デザインコース、情報デザインコース、工業デザインコース、空間デザインコース]の4コース体制に進化します。

•••● デザイン専門職に限らず幅広い分野で活躍できる ●•••

グラフィックデザイナー、Webデザイナー、プロダクトデザイナーをはじめとするデザイン専門職および広告制作会社、メーカー、その他一般企業の総合職（商品開発、企画、広報、営業、マーケティング）など、幅広い進路をめざせます。

一人ひとりに、唯一無二の学びを。

Ⅲ 東京工科大学 デザイン学部
TOKYO UNIVERSITY OF TECHNOLOGY

[蒲田キャンパス] 〒144-8535 東京都大田区西蒲田5-23-22　TEL.03-6424-2111　https://www.teu.ac.jp/

だれかで終わるな。

TOKYO ZOKEI UNIVERSITY

問〇〇

「都市の空」と
聞いて、
あなたは何を
発想しますか？

あなたの発想力を評価します。

普通科の高校生にも美大進学の道をひらく、
美大でデザインを学びたい人のための試験です。

<解答例>

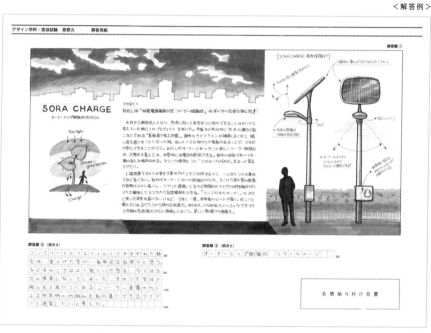

東京造形大学 デザイン学科 一般選抜実技試験科目

「 **発 想 力** 」

★一般選抜入試出願期間　2024年1月5日（金）〜 1月12日（金）

東京造形大学　発想力

【デザイン学科】グラフィックデザイン／写真／映画・映像／アニメーション
／メディアデザイン／室内建築／インダストリアルデザイン／テキスタイルデザイン
【美術学科】絵画／彫刻
【大学院】造形研究科造形専攻（修士課程・博士後期課程）

東京造形大学
〒192-0992 東京都八王子市宇津貫町1556
TEL：042-637-8111
https://www.zokei.ac.jp/

TOKYO
DESIGN
ACADEMY

設置学科

| ビジュアルデザイン科 | （3年） | クリエイティブアート科 | （3年） | グラフィックデザイン科 | （2年） | イラストレーション科 | （2年） | マンガ科 | （2年） |
| アニメーション科 | （2年） | インテリアデザイン科 | （2年） | 空間ディスプレイデザイン科 | （2年） | ファッションアクセサリー科 | （2年） | | |

学校法人原宿学園
東京デザイン専門学校

〒151-0051 東京都渋谷区千駄ヶ谷 3-62-8
TEL 03-3497-0701　URL https://www.tda.ac.jp

 Instagram 公式アカウント
tokyo_design_academy

紙と出会う場所

見本帖本店・各店では、それぞれ異なるサービスを通してファインペーパーの魅力に触れていただくことができます。
目的に合った見本帖で、お気に入りの一枚をお選びください。

見本帖本店

見本帖本店

11:00-18:00　休／土日祝
〒101-0054　東京都千代田区神田錦町3-18-3
Tel.03-3292-3631（1Fショップ）／03-3292-3669（2F）

青山見本帖

10:00-18:00　休／土日祝
〒150-0002　東京都渋谷区渋谷4-2-5 プレイス青山1F
Tel.03-3409-8931

淀屋橋見本帖

11:00-18:00　休／不定休
〒541-0042　大阪府大阪市中央区今橋4-1-1 淀屋橋odona1F
Tel.06-6232-2240

福岡見本帖

9:00-17:30　休／土日祝
〒812-0042　福岡県福岡市博多区豊1-9-20
Tel.092-411-4531

ウェブストア

紙の専門商社 竹尾が運営するウェブストアです。
ファインペーパーのご購入 | takeopaper.com
紙製品のご購入 | products.takeopaper.com

TAKEO
paper trading since 1899

株式会社 竹尾　www.takeo.co.jp

本社／〒101-0054　東京都千代田区神田錦町3-12-6　Tel.03-3292-3611（代表）
国内／大阪支店・名古屋支店・仙台支店・福岡支店・札幌営業所・見本帖本店・青山見本帖・淀屋橋見本帖・福岡見本帖
海外／上海・クアラルンプール・バンコク

表現するすべての人に、
ワクワクを。

もっとしたい表現を叶えるために。
もっとワクワクする創造環境のために。
あなたに合わせてデザインした答えをお届けします。

Tooはコミュニケーションを重ねながら、
ともに新たな価値をつくり、高め合っていく、
クリエイティブパートナーであり続けます。

- ■ サービス内容
- ● PC/Mac 導入・運用サポート
- ● ITサポート保守サービス
- ● セキュリティ環境構築
- ● アプリ講習・スキルアップ支援
- ● カラー出力環境構築
- ● 3DCG・映像制作システム
- ● 各種クラウドサービス
- ● デザイン用品

公益社団法人
日本広告制作協会

デザインの幅は広がっている
様々な分野でデザインを必要としている今、培ったデザイン・クリエイティブの考え方を
根底にチャレンジしていきましょう。始めなければ、始まりません。

OAC
50th
anniversary

2024年、日本広告制作協会（OAC）は設立から50年を迎えます。

設立前年の1973年はオイルショック。そして1974年は戦後初のマイナス経済成長。高度経済成長期は終焉を迎えます。

その時代に「時代の激流に負けてなるまい。今こそ力強いクリエイティブな広告表現が必要だ。志を同じくするもので、前進しよう」と、ライトパブリシティ、日本デザインセンター、サン・アド、エージーなど7社で、前身である日本広告制作会社連盟を設立。以降、クリエイターが自由闊達に意思を発揮できる環境を創造するため、経営のあり方を考える場、より創造的なクリエイティブを生むための勉強会などを実施。またデザインの価値、クリエイターの価値を高めるために、日本標準産業分類に「広告制作業」を申請・承認されるなど、クリエイターと制作会社の発展に寄与してきました。近年では、「クリエイティブで日本を元気にする」を合言葉に、様々な社会貢献活動にも尽力しています。

今後も当協会は地方自治体や企業の信頼されるパートナーとして、デザイン・クリエイティブの価値を高め研鑽し続ける「相談される制作会社」が集結した協会として、私たちのネットワークと知識を活かし、全力で支援と貢献に向かっていきます。

日本の広告制作会社を元気に！

コロナ禍を経て、企業もSNSや自社サイトへの注力や内製化など、自ら出来ることは自らで行う、そんな様子が見受けられます。デジタル技術やAIの進化は、誰もがクリエイティブに携われる環境を生み出しています。また、グラフィックを中心にした仕事を行ってきた会社は、岐路に立たされているとの声も聞こえます。当協会でも、このあたりのことを闊達に議論しています。グラフィック・WEB・映像などは、クリエイティブの根幹を生かすための手段。企業の持つ課題をとことん考え尽くし、それに相応しいアウトプットを生み出せるのがプロ。グラフィックの「一枚絵」ですべてを物語ることは、映像・デジタルにも生かせるはず。課題や物事の本質を掴み、アウトプットしていくにあたり、最も相応しい媒体を選択する。そのための手段として様々な媒体がある。それに対応するスキルは、学べば身につくはず……。等々様々な議論を経て、あとは行動に移し、進みながら考えていきたいと思います。デザインの幅は広がっているはずです。まだまだできることはあります。枠を越えて、変化に対応していきましょう。

好奇心旺盛に、進みながら一緒に考えていきましょう。

二足歩行の人類が森からサバンナに出たとき、そしてアフリカから世界に出たとき、危険なことは数えきれないくらいあったでしょう。失敗や経験を重ね、それでも進んだからこその進化。その原動力は「好奇心」かもしれません。今後も好奇心旺盛に、歩んでいきましょう。

皆さんの会社が前進できるように、日本広告制作協会（OAC）は応援し続けます。

クリエイティブで日本を元気に！

東日本大震災で被災された岩手県大槌町。その地元の子どもたちとコラボしたカレンダー制作並びに大槌町への無料配布。全国浴場組合とのコラボで浴場内にポスターを展示、浴場に行かないと観られない展覧会を通した銭湯の活性化支援。東京ハイヤー・タクシー協会とのコラボで、車体に「一行コピー」をラッピングした車両の走行にて、タクシーへの親近感を醸成。これらの活動を通じ、クリエイティブのチカラを広く社会に広めています。2024年も様々な自治体や企業などの課題解決に、協会として会員制作会社のチカラを集結させ向かっていきます。

『三陸鉄道イーハトーブカレンダー2024』制作

三陸鉄道沿線の活性化と震災・台風・コロナと打撃を受けている三陸鉄道自体の支援につながる企画として3度目の実施。今回は宮沢賢治の詩や童話のフレーズをテーマに全国からイラストを募集。73作品が寄せられました。全作品を掲出した「イーハトーブ列車」の運行、そして選考された表紙を含む13作品で構成したカレンダーを販売。観光を主体として沿線の活性化につながることを期待しています。

『ココロはずむ一行タクシー　東京の街にくりだそう！』

タクシーへの親近感を醸成させたい。そんな東京ハイヤー・タクシー協会の要望に、一行のコピーをラッピングし、都内を走行させるこの企画も、3回目となります。2023年も、暑い東京の街を走りました。

コミュニケーションとデザインの考え方を育むために！

会員クリエイターはもとより、学生や一般の方々にもデザイン思考・クリエイティブの考え方を学んでほしく、様々な取り組みをしています。

学生広告クリエイティブアワード　【学生対象】

第12回「OAC学生広告クリエイティブアワード」は、課題提供企業に全日本空輸・モリサワ・Too/COPICの3社にご協力いただきました。

アイデアで社会をより良くするコンテスト　【学生対象】

自ら課題を見つけ、その解決策を導き、A3/1枚の用紙にまとめる。全国の多くの学校が授業に取り上げています。

想いを伝えるカードデザイン大賞　【一般含む】

読み手のことをもっと理解し、どうしたら相手に想いが届くのか、創りながら考える機会を提供しています。

東京学生広告団体連盟（東広連）への協力

大学の広告研究の団体である東広連には、同団体のセミナーでの講演や、ワークショップなどを通じ、デザイン・クリエイティブの考え方を伝えています。

経営の知見を高める

コロナ禍を経て、売上の減少や働き方の変化など、経営を取り巻く環境も変わってきています。
その変化にどう対応していくか、これも当協会の大きなテーマです。様々なセミナーや勉強会を通して会員の皆さまの知見を広め、より良く前進していくために今後も努めてまいります。

『クリエイター社員の可能性を信じて新領域進出へ』

制作会社は受注だけに頼るので良いのか。クリエイティブのチカラを活かし、新領域に向かう会員社スタヂオ・ユニの自社発信型子供服ECサイト「LILI et NENE」（リリエネ）の事例を紹介いただきました。

『行政におけるデザインの役割と、これからのデザインの方向性を考える』

デジタル庁の外山雅暁氏と、会員社のたきコーポレーション藤井賢二氏とで、デジタル系のデザインのあり方、デザインの現場で感じていることなどをディスカッションしていただきました。

『コロナ禍を乗り越えて、ANAが向かう先と広報・SNS戦略』

クライアント企業は、この先の戦略をどう考えているのか。今回はANAの今後の考え方を伺う機会としました。

『ウエルビーイングな社会にむけて　幸せで生産的な人と組織をつくる』

働く人がイキイキしていてほしいのは経営者の願い。この回では、日立製作所フェロー、ハピネスプラネット代表の矢野和男氏が講演され、『幸せ』な状態を科学的に解析した内容をご紹介いただきました。

若手クリエイターとクリエイティブの未来のために

会員クリエイターはもとより、学生や一般の方々にもデザイン思考・クリエイティブの考え方を学んでほしく、さまざまな取り組みをしています。

『若手クリエイター向けスキルアップセミナー』

「Illustrator & Photoshop - より便利に効率的に」・「グラフィックデザイナーのための動画セミナー」など、若手クリエイターのさらなるスキルアップを目指し、オンラインでのセミナーを開催しています。毎回100人を超える方が受講しています。目的は、アイデアや企画の時間を多く捻出するために、最新技術を知りつつ、より効率的な環境を整えること。仕事を作業にしない取り組みです。

『design surf seminarへのOAC若手クリエイターの登壇』

賛助会員のToo主催の、『design surf seminar』に毎年『クリエイターのワクワクは止まらない』と題して、OAC若手クリエイターに登壇してもらっています。2023年は、コロナ禍以来のリアル開催。今回は「身体で考えるクリエイティブ」と題して、全編参加型の企画にて笑顔が絶えない場となりました。

『未来を拓くニッポン・デザイン展』
THE POWER OF JAPANESE DESIGN 50

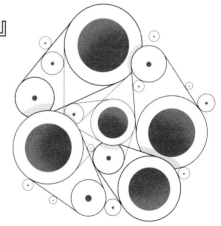

- ● 開催場所：東京・渋谷ヒカリエ 8F 8/COURT
- ● 開催時期：2024 年 5 月 17 日（金）～ 19 日（日）
- ● 主　　催：公益社団法人 日本広告制作協会（OAC）

未来は予測できないが、未来へのヒントは過去にある。
デザインの視点から、ニッポンの「未来」を振り返り
クリエイターの視点で再発見したニッポンの魅力とチカラを
皆さんも追体験してみましょう。

日本広告制作協会（OAC）50周年記念事業として開催する本企画は、OAC会員社クリエイターはもとより、全国のクリエイターより公募した作品を展示いたします（公募締切は2024年1月31日）。
デジタル化の加速が社会を大きく変えている現代。かつての成長力と国際競争力を失い、少子高齢社会のただ中で明るい未来を描きづらいニッポン。そんなニッポンに、クリエイティブのチカラで元気と自信を取り戻したい！
未来へ継承されるモノと文化を生み出してきた、ニッポンの魅力とチカラをいま一度見直し『やるじゃないニッポン！』そして、よくぞ見つけてくれた『やるじゃない、クリエイター！』、そんな展覧会になるよう準備を進めています。

デザインは、美しい意匠をほどこすだけでなく、モノやコトの本質を可視化し、新たな価値を設計して社会へ伝える行為。
本展覧会で展示される様々なモノ・コトを、クリエイターはどう再発見し、どう表現して伝えてくれるのか。
それを観て、実際のモノに触れたくなったり、実際にその場に足を運んでみたくなるのか。
皆さんも実際に会場に足を運んでいただき、お確かめください。

公募情報はコチラ▶

1974年、共に志を同じくするメンバーで設立したOAC。
2024年、新たな50年をどう変化に対応しながら進んでいくか。
新たにデザイン・クリエイティブの価値を高め、
共に明るく前進していくメンバーを広く求めます。
共に時代を切り拓いていきましょう。

OACにご興味を持たれた方はお気軽にご連絡ください。

公益社団法人 日本広告制作協会（OAC）
〒104-0061
東京都中央区銀座 1-14-7 銀座吉澤ビル 9 F
TEL　03-3561-1220
Mail　info@oac.or.jp

OACサイト▶

公益社団法人日本広告制作協会（OAC）
正会員・賛助会員リスト＋プロダクションガイド2024索引

※社名の右側に記載している数字は、本誌における掲載ページです。
※OACの正会員・賛助会員リストは2023年12月末時点のものです。

その他掲載企業

宣伝会議の出版物

本書と併せて、ぜひ御覧ください。

世界の広告クリエイティブを読み解く

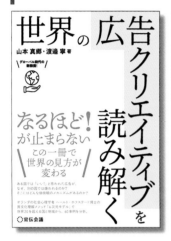

ある国では「いい！」と思われた広告が、なぜ、別の国では嫌われるのか？ホフステードの異文化理解メソッド「6次元モデル」を用いて、世界20を超える国と地域から、世界の広告やプロダクト、SNSを使った社会運動まで60事例を分析する。

山本真郷・渡邉寧著
定価：2,420円（税込）
ISBN：978-4-88335-575-4

好奇心とクリエイティビティを引き出す
伝説の授業採集

カテゴリーと時空を超えて世界中から集めた、面白くて、為になり、一生忘れない「伝説の授業」20選。自分の中の凝り固まった「思考バイアス」をほぐして、新しい発想・思考を手に入れることができる1冊。

倉成英俊著
定価：2,090円（税込）
ISBN：978-488335-550-1

なまえデザイン
そのネーミングでビジネスが動き出す

価値を一言で伝える。大ヒット商品「まるでこたつソックス」をはじめ、数々の商品・サービス・施設名を手がける人気コピーライターが「ネーミングの秘訣」とその思考プロセスを初公開。

小藥元著
定価：2,200円（税込）
ISBN：978-4-88335-570-9

わかる！使える！デザイン

「デザインって、こう考えればよかったんだ！」と、思わず膝を打ちたくなる。仕事でデザインを依頼したり、指示出しする立場にある方、そしてデザインの仕事を始めて日が浅い方におすすめの1冊です。

小杉幸一著
定価：2,200円（税込）
ISBN：978-4-88335-551-8

地域の課題を解決する
クリエイティブディレクション術

クリエイティブディレクターとして、全国38の都道府県で自治体や企業、NPOなどの案件を率いてきた筆者による、地域プロジェクトならではのディレクション術。地域活性化を目指す自治体やローカル企業の仕事で成果を出すための方法論を解く。

田中淳一著
定価：1,980円（税込）
ISBN：978-488335-529-7

希望をつくる仕事 ソーシャルデザイン

ソーシャルデザインとは、自分の「気づき」や「疑問」を、社会をよくすることに結びつけそのためのアイデアや仕事をデザインすること。そのアイデアを35の事例で紹介するソーシャルデザインの入門書。

ソーシャルデザイン会議
実行委員会編著
定価：1,650円（税込）
ISBN：978-488335-274-6

各商品に関する詳しい情報はホームページをご覧ください。

わたしの言葉から世界はよくなる
コピーライター式 ホメ出しの技術

「ダメ出し」ではなく「ホメ出し」思考で、人間関係を豊かにする。3つのステップで、コピーライターの思考法を実践的に学ぶことで、大切な人の魅力を自分の言葉で表現できるようになる1冊です。

澤田智洋著
定価：1,980円（税込）
ISBN：978-4-88335-552-5

すべての仕事は
クリエイティブディレクションである。

ビジネスには「正しい悩み方」がある。仕事が成功せざるを得ない状況を作り出す技能。クリエイティブなやり方とは具体的にどういうことなのか。すべてのビジネスパーソンにお届けする、アイデアで課題を解決するための具体的方法論。

古川裕也著
定価：1,980円（税込）
ISBN：978-488335-338-5

急いでデジタルクリエイティブの
本当の話をします。

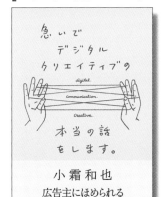

本当に役に立つデジタルの文脈とノウハウを、多数の実例をもとに丁寧に解説。デジタル広告の原理原則を押さえ、クリエイティブのポイントや、運用からマネジメントの基本まで、「デジタルクリエイティブ」の知識を網羅した1冊です。

小霜和也著
定価：1,980円（税込）
ISBN：978-4-88335-405-4

なんだ、けっきょく最後は言葉じゃないか。

人の気持ちを動かす言葉を編み出すには、不特定多数の人に言葉を届ける広告のコピーライティングの方法論がヒントになる。本書では著者が電通社内で行っていた「コピーゼミ」のテキストを活用し、相手に届くコピーを書く方法を解説する。

伊藤公一著
定価：1,760円（税込）
ISBN：978-4-88335-511-2

ステートメント宣言。

企業やブランドのプレゼンテーション、インナープロジェクトのコンセプトの策定などで求められる「ステートメント」。コピーライターとして多くの広告を手がけてきた著者が、考え方はもちろん、これからのコピーライターに求められるものについて書き綴る。

岡本欣也著
定価：1,980円（税込）
ISBN：978-4-88335-517-4

言葉ダイエット
メール、企画書、就職活動が変わる最強の文章術

なぜあなたの文章は読みづらいのか。理由は、ただひとつ。「書きすぎ」です。伝えたい内容をあれもこれも詰め込むことのではなく、無駄な要素をそぎ落とす、「言葉ダイエット」をはじめましょう。すぐマネできる「文例」も多数収録。

橋口幸生著
定価：1,650円（税込）
ISBN：978-4-88335- 480-1

広告制作プロダクションガイド **2024**

Creator

ブレーン╳OAC

2024年1月1日　初版第1刷発行
定価　2,090円（本体1,900円＋税）

発行所　株式会社宣伝会議
発行人　東 彦弥

［本社］
〒107-8550　東京都港区南青山3-11-13
新青山東急ビル9F
TEL：03-3475-3010（代表）
［関西本部］
〒530-0003　大阪市北区堂島2-1-31
京阪堂島ビル5F
TEL：06-6347-8900（代表）
［中部本部］
〒461-0005　名古屋市東区東桜1-13-3
NHK名古屋放送センタービル6F
TEL：052-952-0311（代表）
［九州本部］
〒812-0012　福岡市博多区博多駅中央街8-1
JRJP博多ビル4F
TEL：092-419-3010（代表）

編集協力
ツー・ファイブ

表紙デザイン
佐藤暢美（ツー・ファイブ）

刊行協力企業・学校一覧
大阪芸術大学／株式会社竹尾／株式会社Too／
東京工科大学／学校法人桑沢学園 東京造形大学／
学校法人原宿学園 東京デザイン専門学校

監修
公益社団法人 日本広告制作協会（OAC）